원서발췌
음운론의 원리

고전 명작을 읽는 가장 쉬운 길,
'지식을만드는지식 원서발췌'

축약, 해설, 리라이팅이 아닙니다. 원전의 핵심 내용을 문장 그대로 가져옵니다. 작품의 오리지낼리티를 가감 없이 느낄 수 있습니다.
두껍고 읽기 어려워 책장을 덮어 버리곤 했던 고전을 발췌합니다. 해당 작품을 연구한 전문가가 작품의 정수를 가려 뽑아냅니다. 핵심만 읽기 때문에 더 빠르게 더 많은 고전을 읽을 수 있습니다. 제외된 부분은 중간중간 친절하게 요약 설명합니다. 풍부한 해설과 주석으로 전체 내용을 파악하는 데 무리가 없습니다. 정확한 번역, 적절한 윤문으로 10대에서 80대까지 누구나 쉽게 읽을 수 있습니다. 콤팩트한 사이즈와 분량이므로 간편하게 휴대할 수 있습니다. 수천 쪽의 고전을 발췌된 내용으로 읽고도 전체 의미를 파악할 수 있는 것이 지식을만드는지식 원서발췌의 매직입니다. 발췌율은 표지에 표시하고 발췌 방법은 일러두기에 상세히 밝힙니다.
고전 독자를 발췌 읽기에서 완역 읽기로, 더 나아가 원전 읽기로 안내합니다. 바쁜 현대인들에게 새로운 고전읽기 방법을 제시합니다.

원서발췌
음운론의 원리

Principes de phonologie

니콜라이 트루베츠코이(N. S. Troubetzkoy) 지음
한문희 옮김

대한민국, 서울, 지식을만드는지식, 2026

편집자 일러두기

- 이 책은 1976년 프랑스에서 출간된 《Principes de phonologie》를 저본으로 했습니다.
- 이 책의 원전은 200자 원고지 2500매 분량인데, 그중 음운론에서 가장 기본이 되는 개념, 원리와 대립 관계를 중심으로 하여 변별성 이론 부분만을 발췌했습니다. 또한 우리에게 익숙하지 않은 언어의 예를 제외하여 이 책에는 원전의 약 20%를 수록했습니다.
- 이 책의 주석은 모두 독자의 이해를 돕기 위해 옮긴이가 붙인 것입니다.
- 원전에는 생략되었으나 옮긴이가 문맥상 보충한 것과 괄호 안의 말과 바깥 말의 독음이 다른 곳, 괄호가 중복될 때는 [ ]를 사용했습니다.
- 외래어 표기는 현행 한글어문규정의 외래어표기법을 따랐습니다.
- 이 책은 2009년 6월 15일 한정판 '고전선집' 시리즈로 처음 출간했습니다. 이번에 '원서발췌' 시리즈로 옮겨 출간합니다.

차례

음운론의 원리

서론

1. 음운론과 음성학

어떤 사람이 다른 사람에게 무엇인가를 말할 때마다 파롤 행위(acte de parole)가 이루어진다. 이처럼 파롤 행위는 정해진 장소에서 정해진 순간에 일어나기 때문에 항상 구체적이다. 여기에는 말을 하는 사람(화자)과 말을 듣는 사람(청자), 그리고 이 파롤 행위가 관계되는 상황이 전제되어 있다. 이 세 요소들은(화자, 청자, 상황) 파롤 행위가 달라지면 그에 따라서 모두 변화한다. 그러나 파롤 행위는 또 다른 것을 전제로 하고 있다. 말을 듣는 사람이 말을 하는 사람의 말을 이해하기 위해서는 두 사람 모두 같은 언어를 쓰고 있어야 한다는 것이다. 따라서 언어공동체 구성원들의 의식 안에 현재 사용 중인 언어가 존재한다는 것은 모든 파롤 행위의 선결 조건이다. 파롤 행위란 언제나 유일한 데 반해 언어활동이나 개별 언어는 일반적이며 항구적인 것이다. 언어는 특정한 언어공동체의 모든 구성원들의 의식 속에 존재하며, 그것은 구체적인 수많은 파롤 행위의 토대가 된다. 그러나 다른 한편으로 언어에는 파롤 행위를 가능하게 하는 또 다른 이유가 있다. 언어는 구체적인 파롤 행위가 관계되는 만큼, 즉 구체적인 파롤 행위 안에서 실현되는 정도에서만 존재한다. 구체적인 파롤 행위 없이 언어란 존재할 수 없으며, 파롤 행위와 언어는 상호적으로 서로를 전제로 하고 있다. 이들은 서로 불가분의 방법으로 연결되어 있어서 '언어활동'이라는 같은 현상을 서로 감싸고 있는 양면으로 볼 수 있다. 그러나 본질에 있어서는 둘이 서로 완전히 다르므로 분리시켜서 별개로 연구되어야 한다.

소쉬르에 의하면 언어활동에 속하는 모든 것, 다시 말해서 파롤 행위뿐만 아니라 랑그에도 양면이 있다고 한다. 그것은 '기표(signifiant)'와 '기의(signifié)'로, 언어활동이란 이들의 상호적인 연합이며 대응이다. 파롤 행위에서 '기의'란 언제나 전체로서만 의미를 취하는 완전히 구체적인 전달 내용이다. 반면에 랑그에서는 '기의'가 추상적인 규칙들, 통사적, 문장론적, 형태론적이며 어휘적인 규칙들에 의해 나타난다. 랑그 안에 존재하는 단어들 그대로의 의미 자체도 추상적 규칙이나 개념의 도식에 지나지 않으나, 이것과 파롤 행위 안에 나타나는 구체적 의미가 관계된다. 파롤 행위에서 '기표적' 측면은 구체적인 소리의 흐름이며, 귀로 감지할 수 있는 물리적 현상이다. 그렇지만 랑그에서 '기의적' 측면이 의미의 세계를 정돈된 부분으로 분할하는 규칙들로 구성되어 있다면, '기표적' 측면은 파롤 행위의 음성적 측면을 정돈하는 규칙들이다.

다양한 파롤 행위에서 표현될 수 있는 여러 가지 다른 개념들과 구체적인 표상들의 수는 무한하다. 그러나 랑그 안에 존재하는 단어들의 수는 제한되어 있고 랑그로 우리가 사용할 수 있는 문법적이며 의미적인 수단도 항상 한정되어 있으므로, '언어의 힘(pouvoir du langage)'이란 정확하게 그러한 것들의 결합으로 모든 생각, 모든 구체적인 표상들을 표현할 수 있는 가능성 안에 있다.

이와 같이 언어활동의 과정은 너무나 잡다하고도 다양한 측면을 나타내고 있기 때문에, 그에 관한 연구도 여러 학문 분야로 나뉘어야 하며, 각 분야에서는 그 일부분만 검토하게 될 것이다. 따라서 언어활동의 '기표적' 측면과 '기의적' 측면이 당연히 서로 다른 분야에 속해야 한다는 것은 아주 분명하다. 바로 이러한 이유로 소리에 대한 연구, 다시 말해서 '기표'의 여러 요소들을 연구하는 학문이 언제나 언어학에서 특수한 분야를 형성했으며, 이것은 '의미에 관한 연구'와 확실히 구별되었다. 그러나 랑그에서 '기표'는 파롤에서와는 전혀 다른 무엇이다. 바로 이러한 이유로 '언어활동의 소리를 연구하는 학문'은 하나가 아니라, 두 분야여야 한다. 하나는 파롤 행위가 연구 대상이며, 다른 하나는 랑그가 대상이 된다. 이들의 연구 대상이 다르기 때문에, 이 두 '언어활동의 소리를 연구하는 학문'은 전혀 다른 연구 방법을 적용해야 한다. 파롤의 소리를 대상으로 하는 학문은 구체적인 물리적 현상을 연구해야 하므로 자연과학의 방법을 적용해야 한다. 이에 반해서 랑그의 소리를 대상으로 하는 학문은 순수하게 언어학적이거나 심리학적 또는 사회학적인 방법을 적용해야 한다. 파롤의 소리를 연구하는 학문은 음성학(phonétique)이라 하고, 랑그의 소리를 연구하는 학문은 음운론(phonologie)이라고 부르겠다.

이렇게 처음에는 언어학자들이 아주 조금씩 음성학과 음운론을 구별하게 되었다. 이 둘을 구별해야 한다는 생각은 1914~1918년 전쟁 시기 전에는 어떠한 반향도 일으키지 못했다. 1928년 헤이그에서 열렸던 제1회 국제언어학자대회에서 세 명의 러시아 전문가들이 파롤의 소리 연구와 랑그의 소리 연구 사이의 엄격한 구별이 분명하고 명확하게 표명된 아주 짧은 계획안을 발표했다. 게다가 그들은 전체적 관점, 음운 체계 구조 법칙에 대한 연구와 이 원칙들을 소리 기술뿐만 아니라, 그 역사적 변화 연구에까지 확대시킬 수 있다고 주장했다. 이 계획안의 작성자는 야콥손, 카르첍스키와 이 책의 저자였다. 여러 다른 나라에서 온 언어학자들이 이 계획안에 동의했다. 1926년에 창립된 프라하 언어학파는 이미 헤이그 학회에서 이 새 이론의 열성 옹호자들을 영입하게 되면서 더욱 적극적으로 활동하게 되었다. 1929년에 '랑그의 소리를 연구하는 학문'이라는 의미에서 음운론에 관계되는《프라하 언어학파 논문집(Travaux du Cercle linguistique de Prague)》의 첫 두 권이 간행되었다. 그 후 1년 뒤 프라하에서 음운론 강연회가 개최되어, 아홉 나라의 대표자들이 참석했으며 음운론 연구 협회를 세우는 것이 결정되었다. 1931년 제네바에서 열린 제2회 국제언어학자대회에서는 위에서 지적한 의미로의 음운론 연구에 전 대회 기간을 할애했다.

그렇지만 오늘날 음운론과 음성학 사이의 구별이 일반화되었다고 믿지 말아야 한다. 파롤과 랑그 사이의 대립조차도 인정하지 않는 몇몇 학자들이 있기 때문이다. 그들의 입장이 어떻든 간에 파롤과 랑그의 대립을 부정하는 학자들은 아주 당연하게 음성학과 위에서 지적한 의미로의 음운론 구별도 인정하지 않는다. 그러나 또 파롤과 랑그, 의미를 구별해 주고 구별해 주지 않는 소리의 대립 구별까지도 인정하면서 음운론을 음성학으로부터 분리시키려 하지 않는 언어학자들도 있다. 영국학파의 스위트(Sweet)와 예스페르센(Jespersen)은 의미를 구별해 주는 음성 대립과 전혀 그렇지 않은 음성 대립의 근본적 차이점을 완전하게 알고 있으면서도 음성학과 음운론을 혼동해서 다루고 있다. 음성학과 음운론을 분명하게 구별하지 않는 것은 음성학의 고전 개론서에서 바로 방법론적인 오류였다.

음성학자는 언어공동체에서 통용되는 규범뿐만 아니라, 여러 화자들 사이에 나타나는 개인적인 차이점과 서로 다른 소리들의 발음에서 담화의 어조 변화로 야기되는 변조까지도 연구해야 한다는 것을 강조해야 한다. 그리고 심지어 이 분야에서조차도 특별한 종류의 규칙성을 찾아내야 한다. 언어학에서는 랑그뿐만 아니라, 파롤 행위에 대해서도 연구해야 한다. 그러나 그러기 위해서는 언어학의 두 연구 대상인 파롤과 랑그를 엄격하게 구별하는 것이 중요하다.

'파롤의 소리 과학'과 '랑그의 소리 과학'에 붙인 명칭에 관해서 우리가 '음성학'과 '음운론'으로 사용하는 용어들이 모든 언어학자들에 의해 똑같은 의미로 사용되고 있지 않다는 사실에 주목해야 한다. 페르디낭 드 소쉬르 자신이 처음으로 이러한 부류의 개념적 구별을 주장했다. 그 후에 그는 소리의 정태적(공시적 또는 기술적) 연구를 음운론으로, 소리의 역사적(또는 통시적) 연구, 즉 어떤 언어에서 발생하는 음성학적 변화에 대한 역사를 음성학으로 이해하면서 용어의 구별을 수정했다. 그라몽(M. Grammont)을 제외하고는 아무도 그의 입장을 따르지 않았던 것처럼 보인다. 스웨덴의 언어학자 노렌(Noreen)은 랑그가 음향적 생리학적 해부학적으로 전제하고 있는 것에 대한 학문으로 음성학을 이해했다. 이에 반해서 음운론이란 '랑그의 물리적인 자료, 즉 언어활동으로 조음된 소리에 관한 학문'을 뜻했다. 영국인과 미국인들은 흔히 'phonology'란 용어로 '역사음성학' 또는 '어떤 언어에서 소리의 용법에 관학 학문'을 지칭하는 반면에 'phonetics'로는 언제나 언어 소리의 생리학적이며 물리적인 여러 양상에 관한 연구를 지칭했다. 최근에는 'phonemics'란 용어를 우리가 'phonologie'를 사용하는 의미로 영어 화자들이 사용하고 있다. 'phonology'란 단어가 이미 영어에서 다른 의미로 사용되었기 때문에, 영어 화자들에게는 'phonemics'란 용어가 그대로 사용되어야만 할 것 같다. 그러나 'phonologie'라는 단어가 다른 어떠한 의미도 나타내지 않는 언어에서는 우리가 제안한 의미로 그것을 사용해야만 한다.

음운론을 랑그의 소리를 연구하는 학문으로 그리고 음성학은 파롤의 소리를 연구하는 학문이라고 정의한다고 해서 모든 것이 다 해결된 것이 아니다. 이 두 분야 사이에 존재하는 차이점은 더 근본적으로 보다 자세하게 설명되어야 한다.

파롤 행위에 나타나는 기표란 개별적 자연 현상이며 소리의 흐름이기 때문에 그것을 연구 대상으로 하는 학문에서는 자연과학의 방법들을 사용해야만 한다. 소리 흐름의 독특한 본질이나 또는 그 생성 방법을 검토하고자 하느냐에 따라서 단순히 소리의 물리적이며 음향적인 측면을 연구하거나 생리적이며 조음적인 측면을 연구할 수 있지만, 이 두 가지 연구는 사실은 동시에 시행되어야만 할 것이다.

음성학에서 연구해야 하는 언어의 소리는 음향적이며 조음적으로 많은 특수성을 지니고 있다. 이러한 모든 특수성을 고려했을 때만이 문제가 되고 있는 소리의 발음에 대해 음성학자가 정확하게 대답할 수 있다. 그러나 음운론자에게는 이들 특수성의 대부분이 부차적이다. 이들이 단어를 구별해 주는 표지로 기능하지 않기 때문이다. 그러므로 음성학자의 소리와 음운론자의 단위는 서로 일치하지 않는다. 결국 음운론자는 언어에서 결정적인 기능을 수행하는 것만을 소리로 고려해야 한다.

기능을 이렇게 강조하는 것은 음성학자의 관점과 아주 분명하게 대립된다. 음성학자는 앞에서 설명한 대로 말해진 것의 의미, 다시 말해서 기표의 의미를 고려하지 않도록 해야 한다. 이와 같은 사실 때문에 음성학과 음운론이 표면상으로 같은 사항을 다루고 있기는 해도, 같은 항목으로 분류될 수 없는 것이다.

음성학을 파롤의 소리 학문으로, 또 음운론을 랑그의 소리 학문으로 정의하고서도 다음과 같이 또 다른 정의를 내릴 수 있다. 음성학은 언어 소리의 단순한 현상학적 연구인 반면에 음운론은 같은 소리의 언어 기능에 대한 연구가 될 것이다.

이러한 차이점은 랑그란 사회적 제도와 동시에 가치와 기능, 관계를 나타내는 세계인 반면에, 파롤은 경험적인 현상의 세계라는 사실에 그 이유가 있다. 식물학과 동물학 같은 자연과학들은 이러한 유형의 것은 아무것도 나타내지 않으므로 비교의 용어로 사용되어서는 안 된다. 그러나 사회과학이 물질적인 대상의 사회적 이용을 다루는 데서는 보는 사회과학에서도 이와 비슷한 상황을 발견하게 된다. 사회적 제도들은 구체적 행위를 통하여 실현되며, 사회적 제도가 없이는 구체적 행위란 불가능하기 때문이다. 제도란 그 관계와 기능 속에서 연구되어야 하지만, 이 제도에 의거하고 있는 행위는 현상학적인 관점에서 연구되어야 한다.

사실상 언어 소리의 조음적인 측면뿐만 아니라 음향적인 측면을 연구하는 데 사용되는 자료는 구체적인 파롤 행위에서만 얻어질 수 있다. 반면에 음운론에서 연구해야 할 랑그의 음성적 가치란 추상적인 가치다. 이러한 가치는 무엇보다도 관계, 대립 등으로, 귀나 촉각에 의해서 감지될 수도 없고 연구될 수도 없는 완전히 비물질적인 것이다.

음운론과 음성학을 분명히 구별하는 것은 원칙적으로 필요하지만, 이것으로 각각의 두 학문이 상대편 학문에서 얻어진 결과를 이용하지 못하게 해서는 안 된다.

음성학자가 연구하는 소리의 흐름은 마음대로 많은 부분으로 나눌 수 있는 연속체다. 어떤 음성학자들은 이 연속체 내부에서 '언어 소리(sons du langage)'를 가려내기 위해 음운론적 표상을 [표기된 문자를 매개로 하여] 근거로 삼고 있다. 실제로는 언어 소리를 구분해 내기가 어렵기 때문에 어떤 음성학자들은 '고정음(sons fixes)'과 그 사이에 위치하는 '과도음(sons de transition)'을 구별한다. 소리의 흐름을 이렇게 요소들로 분리하는 것은 순수한 음성학적 관점에서는 정당화될 수 없으며 음운론적 개념을 음성학의 분야에 잘못 옮긴 것에 근거한다. 소리의 흐름에서 어떤 요소들은 음운론자들에게 실제로 존재하고 있지 않다. 이에 반하여 음성학자에게 중요하지 않은 것이란 오히려 파롤 행위의 의미일 것이며, 파롤에 해당하는 소리 흐름의 모든 요소들이나 부분들은 모두가 그에게 중요하고 근본적인 것이다. 음성학자는 분명히 발성기관의 전형적인 어떤 위치나 그에 부합되는 음향적인 현상들을 기본적인 요소들로 생각할 것이다. 그리고 그는 조음의 음성 '연속체(continuum)'에서 뽑아낸 전형적 조음의 음성 형성을 기술하는 원칙을 계속해서 지켜나갈 것이다. 그렇지만 어떤 언어의 음성 구조를 기술하는 데, 음성학은 당연히 그 언어의 음운 체계를 어느 정도 고려해야 한다.

음운론도 분명히 음성학적인 몇 가지 개념들을 사용해야만 한다. 모든 음운 기술의 시작은 문제의 언어에 존재하는 의미의 차이를 나타내는 음성 대립을 발견해 내는 것이다. 결국 그 언어의 음성 목록이 출발점으로 사용되고 자료로 제공되어야만 한다. 물론 음운 기술의 더 발전되고 고차적인 단계는 체계와 음소들의 결합에 관한 연구로, 이것은 음성학과는 완전히 독립적이다. 음운론적 기술과 음성학적 기술의 요소들이 서로 상대방의 것을 참작해야만 하는 것은 다만 초기 단계에서뿐이며, 이 단계에서도 절대적으로 필요 불가결한 것만을 참작해야 한다.

음운론

I. 기초 개념

1. 변별적 음운 대립

구별이라는 개념은 대립의 개념을 전제로 한다. 두 개의 사물은 서로 대립을 이룰 때에만, 즉 둘 사이에 대립의 관계가 존재할 때에만 서로 구별될 수 있다. 따라서 변별적 기능은 어떤 음성 특성이 또 다른 음성 특성과 대립을 이룰 때에만, 그 음성 특성이 어떤 음성 대립의 하나의 항일 때에만 이루어진다. 어떤 언어에서 두 단어의 어휘적 의미를 구별할 수 있게 하는 음성 대립을 음운론적 대립, 혹은 변별적 음운 대립 또는 변별적 대립이라고 부른다. 이에 반하여 이러한 기능이 없는 대립은 음운론적으로 비관여적이거나 비변별적이라고 한다.

소리에는 치환될 수 있는 소리와 치환될 수 없는 소리가 있다. 치환될 수 있는 소리란 어떤 언어에서 똑같은 음성 환경에 나타날 수 있는 소리들이다. 그러나 치환될 수 없는 소리는 그 언어에서 절대로 같은 음성 환경에 나타날 수 없다. 그러므로 치환될 수 없는 소리들은 원칙적으로 어떠한 음운론적 변별 대립도 이룰 수 없다. 이 소리들은 절대로 같은 음성 환경에 나타날 수 없으므로 두 단어를 구별해 주는 유일한 요소로 나타날 수 없기 때문이다.

치환될 수 있는 소리들은 변별적 대립뿐만 아니라 비변별적 대립도 마찬가지로 형성할 수 있다. 이것은 언어에서 오직 이 소리들이 수행하고 있는 기능에 따라 정해진다. 그러므로 치환될 수 있는 소리를 두 가지 종류로 구별할 수 있다. 즉 문제의 언어에서 변별적 대립을 이루고 있는 소리와 비변별적인 대립만을 이루고 있는 소리로 구별할 수 있다.

우리는 앞에서 치환될 수 없는 소리들은 변별적 대립을 이루지 않는다고 했다. 그러나 이 주장에는 한 가지 제약이 필요하다. 치환될 수 없는 소리들이 체계의 나머지 다른 소리들과 공통적인 소리의 특성을 전혀 나타내지 않고 구별되면 부차적으로 변별적인 대립을 형성할 수 있다.

2. 변별적 음운 단위, 음소, 변이음

'(직접 또는 간접) 음운 대립'이란 언어에서 어휘적 의미를 구별해 줄 수 있는 모든 소리의 대립을 말한다. 이러한 대립의 각 항을 '변별적 음운 단위'라고 부른다. 이러한 정의로부터 음운 단위들의 범위가 상당히 다를 수 있다는 결과가 생긴다. 따라서 더 크고 더 작은 음운 단위가 나타나게 되며, 어떤 언어의 음운 단위를 그 상대적 길이에 따라 분류할 수 있게 된다.

시간 속에서 계속되는 보다 더 작은 일련의 단위로 분석될 수 있는 음운 단위들이 있다. 독일어의 Mähne(갈기)-Bühne(극장의 무대)에서 [mɛ:]와 [by:] 단위들이 이런 경우에 해당된다. Mähne(갈기)-mahne(내가 경고한다)의 대립에서 [mɛ:]=[m]+[ɛ:]가 되며 Bühne(극장의 무대)-Sühne(화해)와 Bühne(극장의 무대)-Bohne(잠두콩)의 대립에서 [by:]=[b]+[y:]를 분석해 낼 것이다. 반면에 m, b, ɛ:, y:의 음운 단위들은 보다 더 작은 일련의 연속되는 음운 단위로 더 이상 분해될 수 없다. 음성학적인 관점에서 볼 때 각각의 b는 일련의 모든 조음 운동으로 구성되어 있다. 먼저 양 입술은 구강의 공간이 완전히 앞으로 닫히도록 서로 접근해 맞닿게 되는데, 그러면서 동시에 성대가 진동하기 시작한다. 반면에 허파로부터 올라오는 공기는 구강으로 들어가서 입술의 장애물 뒤로 모인다. 결국 이 장애물은 공기의 압력에 의해 열리게 된다. 이렇게 연속되는 각각의 움직임은 특정한 음향 효과에 부합된다. 그러나 이러한 '음향 원자(atome acoustique)'의 어느 것도 음운 단위로 간주될 수 없다. 이들은 항상 모두가 함께 나타나며 절대로 분리되어서 나타나지 않기 때문이다. 양순 '내파'에는 항상 '파열'이 뒤따르며, 파열은 항상 내파에 의해서 이끌어진다. 마찬가지로 양순음의 성격을 띤 유성성은 내파와 파열 과정 사이에 울리게 되어 입술의 내파와 파열 없이는 나타날 수 없다. 그러므로 'b' 전체는 시간 속에서 분석될 수 없는 음운 단위다.

언어에서 더 작고 연속적인 음운 단위로 더 이상 분석될 수 없는 이러한 음운 단위를 '음소(phonème)'라고 부른다. 음소는 연구하고 있는 언어의 가장 작은 음운 단위다. 랑그에 있는 각 단어의 소리 측면은 음소로 분석되어 음소들의 특정한 연속체로 나타낼 수 있다. 청자들은 길에서 이미 알고 있는 사람을 그의 전체 윤곽으로 알아보는 것처럼 단어를 거의 윤곽으로 인식한다. 그러나 윤곽을 알아본다는 것은 그것이 다른 것과 구별된다는 것을 전제로 하며, 이것은 여러 다양한 윤곽들이 어떤 표지에 의해서 서로 구별될 때만 가능한 것이다. 그러므로 음소들은 바로 단어들의 윤곽을 구별해 주는 변별적 표지가 된다. 각 단어는 나머지 다른 단어와 구별되도록 원하는 배열 순서로 필요한 만큼의 음소를 포함하고 있어야 한다. 이러한 음소들의 연속체는 전체가 그 단어 하나에만 고유하다. 그러나 이 연속체에서 분리해 낸 각 항은 다른 단어 속에서도 마찬가지로 변별적 표지로 나타난다.

사실 각 언어에서 변별적 표지로 사용된 음소들의 수는 단어들의 수보다 훨씬 더 적다. 그러므로 각 특정한 단어는 다른 단어 속에도 마찬가지로 들어 있는 음소들의 특정한 결합 관계에 지나지 않는다. 이러한 사실은 결코 단어의 윤곽이 가지고 있는 특성에 모순되지 않는다. 각 단어는 윤곽으로서 언제나 그것을 구성하고 있는 항이나 음소들의 총체보다 더 많은 무엇인가를 포함하고 있다. 그것은 단일성의 원칙으로 이러한 일련의 음소 전체를 연결시키고 있으며 단어에 그 개별성을 부여한다. 그러나 서로 다양한 음소들과는 달리 이 단일성의 원칙은 단어체(corps du mot) 속에 위치해 있을 수 없다. 따라서 단어체는 찌꺼기를 남기지 않고 음소로 분석될 수 있으므로, 단어는 음소로 구성되어 있다고 할 수 있다.

파롤 행위에서 산출되고 인지되는 각각의 구체적인 소리들에는 관여적 음운 특성들 외에도 다른 비관여적 특성들도 많이 있다. 따라서 이러한 소리들 중의 어느 것도 단순하게 음소로 간주될 수 없다. 그러나 이 소리들 중의 하나가 어떤 한 음소의 관여적 음운 특성들을 갖추고 있으면, 그 소리는 그 음소의 구체적인 실현으로 볼 수 있다. 음소들은 각각의 파롤 행위가 구성되어 있는 언어활동의 소리, 또는 더 정확한 표현으로 파롤이나 담화의 소리로 실현된다. 언어활동의 이 소리들은 결코 음소 자체가 아니다. 음소는 비관여적 음운 자질을 포함하고 있지 않아야 하지만, 실제로 산출된 언어활동의 소리로는 불가능하다.

언어활동의 각 소리에는 한편으로는 관여적인 음운 특성이 있어, 이것으로 각각의 소리가 어떤 특정한 음소의 실현이라는 것이 되며, 다른 한편으로는 대다수의 비관여적 음운 특성도 있으므로, 그 선택과 출현은 일련의 모든 원인에 의하여 조건 지어진다.

따라서 한 음소는 서로 다른 언어활동의 많은 소리로 실현될 수 있다. 예를 들어 독일어의 g는 다음의 특성들이 음운론적으로 관여적이다. 연구개를 쳐들어 올리면서 혀등과 입천장 사이의 완전한 폐쇄, 혀 근육의 이완과 함께 폐쇄의 기식음을 동반하지 않은 파열이다. 그러나 혀와 입천장 사이에 이루어지는 폐쇄의 지점과 이 폐쇄가 일어나는 동안의 성대나 입술의 모양, 이 모든 것들은 음운론적인 관점에서 비관여적이다. 그러므로 독일어에는 하나의 음소 g의 실현으로 볼 수 있는 일련의 많은 언어활동의 소리들이 있다. 즉 유성음 g, 반유성음 g, 완전무성음 g, 원순연구개음 g, 입술을 좁혀서 둥글게 발음한 경구개음 g, 평순연구개음 g, 평순이면서 강하게 구개음화된 g, 보통으로 구개음화된 g 등이 있다. 언어활동에서 만들어진 이렇게 서로 다른 모든 소리들은 같은 음소가 실현된 것으로, 이 소리들을 문제된 음소의 변이음(또는 음성학적 변이음)이라고 부른다.

3. 음소의 정의

지금까지 '음소', '변이음', '언어활동의 소리'의 개념에 대해서 내린 정의는 모든 언어학자들에 의해서 받아들여지는 것이 아니며, 처음에는 이렇게 표현된 것도 아니었다. 음소의 정의는 먼저 심리학적 용어로 작성되었다. 보두앵 드 쿠르트네는 음소를 '언어 소리의 심리적인 대등'으로 정의했다. 이러한 정의는 성립될 수 없다. 같은 음소에 여러 가지 언어 소리들이 변이음으로 대응될 수 있기 때문이다. 그리고 이러한 각각의 언어 소리는 독자적인 '심리적 대등', 다시 말하면 그것에 일치하는 음향적이며 조음적인 표상을 가지고 있다. 그 이외에도 이 정의는 언어의 소리 그 자체가 긍정적으로 주어져 있고 완전히 구체적인 단위임을 전제로 하고 있다. 그러나 실제로는 그렇지 않다. 다만 파롤 행위의 구체적이고 연속되는 소리 흐름만이 긍정적으로 주어진 것이다. 그리고 우리가 이러한 '연속체'로부터 여러 다양한 소리를 떼어낸다는 것은 소리 흐름에서 문제의 부분이 특정한 음소를 포함하고 있는 단어에 '부합되기' 때문에 우리가 그렇게 정확하게 할 수 있는 것이다. 언어의 소리는 그것이 음소에 대하여 갖는 관계에 의해서만 정의될 수 있다. 그러나 음소의 정의를 내리기 위해서 언어의 소리로부터 출발한다면 일종의 순환 논법에 빠지게 된다.

음소를 정의하는 데 심리학의 도움을 받는 것은 피해야만 한다. 사실 음소는 언어학적 개념이며 심리학적 개념이 아니다. '언어 의식(conscience linguistique)'에 관계되는 모든 것도 음소를 정의하면서 제외되어야 한다. '언어 의식'은 랑그에 대한 은유적 표현이거나 그 자체도 앞으로 정의되어야 하는, 아마도 전혀 정의될 수 없는 아주 모호한 개념이기 때문이다. 음소의 개념을 '정신'이나 '언어 의식', '느끼다'와 같이 모호한 개념에 연결시키는 것은 그 개념을 설명하는 데 전혀 도움이 될 수 없다. 만일 이러한 정의를 받아들인다면, 구체적인 경우에 어떠한 것을 음소로 고려해야 하는지 절대로 알지 못하게 된다. 음소란 무엇보다도 기능적 개념이며 그 기능에 비추어서 정의되어야 한다.

또 다른 정의들도 불충분하기는 마찬가지로, 이 정의들은 결합변이음의 존재에 그 근거를 두고 있다. 대니얼 존스(Daniel Jones)는 음소를 절대로 같은 음성적 환경에 나타나지 않는 음향적이나 조음적으로 비슷한 언어의 소리 연쇄 또는 소리 집단으로 정의했다.

음소는 그 심리학적 본질에 의해서나 음성학적 변이음과의 관계에 의해서도 만족스럽게 정의될 수 없지만, 언어에서의 기능에 의해서만 오직 유일하게 정의될 수 있다. 모든 언어는 변별적 '음운' 대립을 전제로 하며 음소는 더 이상 작은 변별적 음운 단위로 나뉠 수 없는 대립의 한 항을 이룬다. 아주 분명하고 모호하지 않은 이 정의에서 바꿀 것은 아무것도 없다.

II. 음소 규정의 규칙

1. 음소와 변이음의 구별

앞에서 음소에 대한 정의를 내린 데 이어, 이제 한편으로는 음소와 변이음을 구별하고 다른 한편으로는 음소의 연쇄를 구별하는 데 도움이 되는 실용적인 규칙을 제시해야 한다.

두 개의 언어 소리는 어떤 조건에서 서로 다른 두 음소가 실현된 것으로 볼 수 있으며, 또 어떤 조건에서 단지 한 음소가 음성학적으로 다르게 두 가지로 실현된 가치를 가질 수 있을까? 이 주제에 관하여 다음의 네 가지 규칙을 세울 수 있다.

규칙 1 : 같은 언어에서 두 소리가 정확하게 똑같은 음성 환경에 나타나고, 두 소리를 서로 대체시켜도 단어의 어휘적 의미에 아무런 차이를 주지 않으면, 이때 이 두 소리는 한 음소의 임의적인 변이음에 지나지 않는다.

규칙 2 : 두 소리가 정확하게 같은 음성 환경에 나타나고, 서로 대체했을 때 단어의 의미가 변화하거나 단어가 알아볼 수 없게 되면, 이때에 두 소리는 서로 다른 두 음소가 실현된 것이다.

규칙 3 : 어떤 언어의 음향적 또는 조음적 관점에서 유사한 두 소리가 절대로 똑같은 음성 환경에 나타나지 않는다면, 이 두 소리는 같은 음소의 결합변이음으로 분석되어야 한다.

그러나 다음의 전형적인 세 가지 경우를 구별해야 한다.

a) 어떤 언어에서는 한편으로 특정한 위치에서만 나타나는 일련의 소리들의 부류 a', a'', a''' … 이 있고, 다른 한편으로는 위에서 말한 위치에서는 절대로 나타나지 않는 하나의 소리 a가 존재한다. 이 경우에 a 소리는 음향적 또는 조음적으로 가장 가까운 관계에 있는 a', a'', a''' … 부류의 소리에 대해서만 변이음 관계에 놓일 수 있다. 예를 들어 한국어에서 s와 r는 단어 끝에서 나타나지 않는 반면에, l은 바로 단어 끝에서만 나타난다. 이때 유음인 l은 분명히 s보다는 r와 더 가까운 관계에 있으므로, 이 언어에서 l과 r

는 오직 한 음소의 결합변이음으로밖에 볼 수 없다.

b) 어떤 언어에서 한편으로는 어떤 특정한 위치에서만 나타나는 일련의 소리들이 있고, 다른 한편으로는 바로 이 위치에서는 나타날 수 없는 또 다른 일련의 소리들이 있다. 이 경우에 첫 번째 계열에 속하는 각각의 소리와 그것과 음향적 또는 조음적으로 가장 가까운 관계에 있는 두 번째 계열에 속하는 소리 사이에는 결합변이음의 관계가 있다. 예를 들면 러시아어에서 ö와 ä 소리는 경구개자음들 사이에만 나타나지만, 반면에 o와 a 소리는 바로 이 위치에 나타나지 않는다. 중간 간극 원순모음인 ö는 a보다는 o와 더 가깝기 때문에, 또 다른 한편으로 ä는 최대 간극 평순모음이므로 o보다 a에 더 가깝기 때문에 o와 ö는 한 음소 'O'의 결합변이음으로 볼 수 있고, 반면에 a와 ä는 또 다른 음소 'A'의 결합변이음으로 볼 수 있다.

c) 어떤 언어에서 다만 한 소리가 어떤 특정한 위치에 독점적으로 나타나고, 또 다른 한 소리는 바로 이 위치에 나타나지 않는다. 이 경우에 두 소리가 간접적으로 음운 대립을 이루지 않는다면, 이 두 소리는 한 음소의 결합변이음으로밖에 볼 수 없다. 예를 들어 독일어에서 h와

ŋ ('ng') 소리는 한 음소의 결합변이음이 아니다. 그러나 이 두 소리가 절대로 같은 위치에 나타나지 않는다 해도, 이 두 소리는 두 개의 서로 다른 음소의 대표음들이다.

규칙 4 : 두 소리가 세 번째 규칙의 조건을 만족시킨다 하더라도, 이 두 소리가 그 언어에서 하나 옆에 다른 소리가 나란히 이웃하여 나타난다면, 다시 말해서 한 소리 연쇄를 이루는 항들에 해당되면, 그리고 두 소리들 중의 하나가 고립되어서 나타나는 조건에서는, 이 두 소리는 한 음소의 변이음으로 볼 수 없다.

예를 들어 영어에서 r는 모음 앞에만 나타나는 데 반해, ə는 모음 앞에 나타날 수 없다. r는 마찰이나 파열의 잡음이 없이 발음되며 ə는 불안정한 간극과 음색으로 발음되기 때문에, 영어의 r와 ə는 당연히 같은 음소의 결합변이음으로 볼 수 있다. 그러나 이것은 profession(발음 prəfešn)과 같은 단어에서 r와 ə소리가 나란히 나타나 있고, 다른 단어에서는 같은 음성 환경에 ə가 고립되어서 나타난다는 사실 때문에 [예를 들면, perfection의 발음 pəfekšn] 불가능해진다.

그러므로 음성학적 변이음들은 임의적일 수도 있고 항

구적일 수도 있는데, 후자의 경우에는 당연히 결합변이음만이 될 수 있다. 그러나 임의적 결합변이음들도 있다. 예를 들어 러시아어에서 음소 'j'는 모음 뒤에서 i로 발음되며 음절을 이루지 못한다. 반면에 자음 뒤에서는 i로 실현되거나 마찰음 j로 실현되어 이 두 변이음들은 임의적이라 할 수 있다.

2. 외국어의 잘못된 음소 평가

어떤 언어의 음운 체계는 그것을 통하여 말해진 모든 것이 걸러지는 체와 같다. 그 체 속에는 음소를 개별화할 수 있는 관여적인 음성 표지들만이 남게 된다. 모든 사람은 어린 시절부터 이렇게 말해진 것을 분석하는 습관이 있으며, 또 이러한 분석은 아주 자동적이고 무의식적인 방법으로 이루어진다. 그러나 이러한 분석을 가능하게 해주는 체의 역할을 하는 체계가 각 언어마다 서로 다르게 구성되어 있다. 사람은 자신의 모국어 체계에 익숙해져 있다. 그러나 그가 다른 언어로 말하는 것을 듣는다면, 그는 들은 것을 분석하는 데 자신에게 익숙해 있는 모국어의 '음운체(crible phonologique)'를 무의식적으로 사용한다. 그런

데 이 체는 그가 들은 외국어에는 적합하지 않기 때문에 많은 실수를 저지르게 되고 이해하지 못하는 경우가 발생하게 된다. 외국어의 소리가 자기 모국어의 '음운체'로 걸러졌기 때문에 음운론적으로 정확하지 못한 해석을 내리게 되기 때문이다.

예를 들어보자. 러시아에서 모든 자음들은 구개음화된 것과 구개음화되지 않은 것[후자는 연구개음화되었다]의 두 부류로 나뉜다. 대부분의 자음들은 두 부류 중의 하나에 속하는 것이 음운론적으로 관여적이다. 러시아인은 러시아어 단어에서 어떤 자음이 구개음화되었고, 어떤 자음은 그렇지 않은가를 듣는 즉시 안다. 게다가 구개음화된 자음과 구개음화되지 않은 자음들 사이의 대립은 모든 모음이 앞에 오는 자음과 뒤에 따르는 자음이 속하는 부류에 따라서 특별한 결합변이음으로 나타난다는 사실로 강조되고 있다. 여러 가지 중의 한 예로 음소 'i'는 단어 첫머리에서나 구개음화된 자음 뒤에서만 순수한 i로, 즉 '전설 계열에 속하며 최소 간극의 긴장된 모음'으로 실현된다. 러시아인들은 이러한 특성을 외국어에도 옮겨 적용한다. 만일 러시아인이 장모음 i가 있는 독일어 단어를 듣게 되면, 앞에 온 자음이 구개음화된 것을 '잘못 들었다'고 생각한다. 그에게 i는 앞의 자음이 구개음화되었다는 것을 나타내는 신호이기 때문이다. 그러므로 이러한 구개음화 현상은 존재해야 하며, 그래서 만일 러시아인이 그것을 듣지 못했다면, 그것은 다만 청각적인 실수가 될 수밖에 없다.

위의 예로 '외국인으로서의 발음 습관'은 그 외국인이 어떠한 소리를 제대로 발음할 수 없다기보다는 오히려 그가 정확하게 이 소리를 듣지 못한다는 사실 때문이라는 것이 증명된다. 그리고 외국어의 소리를 잘못 알아듣는다는 것은 화자의 모국어 음운 구조와 외국어 음운 구조 사이에 있는 차이점 때문이다. 발음의 오류도 외국인 언어 속에 나타나는 전형적인 다른 오류들과 꼭 마찬가지로 일어난다. 모든 헝가리 사람들에게 '남성'과 '여성'의 대립은 익숙하지만, 이러한 대립은 그들에게 어휘 영역에 속할 뿐 문법 영역에 속하는 것이 아니다. 따라서 헝가리 사람들은 독일어의 'der'를 'die'와, 'er'를 'sie' 등과 혼동해서 말한다.

3. 단음소와 음소 연쇄

1) 단음소적 가치

단음소와 음소 연쇄를 구별하는 것은 항상 쉽지 않다. 구체적 파롤 행위에서 나타나는 소리의 흐름은 중단되지 않는 움직임이다. 소리의 언어학적 기능을 제외하고 단순히 음성학적 관점에서 볼 때, 이 소리의 흐름 중에서 어떤 부분을 '단음소(하나의 음소)'로 보아야 하는지 또는 '다음소(음소 연쇄)'로 보아야 하는지 말할 수 없다. 여기에서도 마찬가지로 지켜야만 할 정확한 음운 규칙들이 존재한다. 일반적으로 소리 연쇄를 구성하고 있는 요소가 그 언어에서 두 음절로 나뉘지 않고, 한 가지 조음 운동을 통하여 만들어지며, 그 지속 기간이 하나의 소리를 내는 데 필요한 보통 지속 기간을 넘지 않을 때에만 단음소로 풀이될 수 있다. 이렇게 순전히 음성학적 전제 조건에 들어맞는 소리 연쇄는 '잠재적으로 단음소적'인 것에 지나지 않는다. 그러나 그 언어의 규칙에 따라 그 소리 연쇄가 하나의 음소로 다루어지거나 그 언어 음소 체계의 일반적 구조로 그러한 평가를 내리게 된다면, 이 소리 연쇄는 실제로 단음소적인 것으로 또는 한 음소의 실현으로 보아야만 한다. 소리 연쇄를 이루고 있는 구성 요소들이 같은 언어의 다른 음소들이 실현된 것으로 볼 수 없다면, 이 소리 연쇄의 단음소적 평가가 특히 가능하다. 그러므로 소리 연쇄의 단음소적 평가에 대한 음성학적 전제 조건과 음운론적 조건은 다음의 규칙들로 요약될 수 있다.

규칙 1 : 문제의 언어에서 소리 연쇄를 이루고 있는 부분 요소들이 두 음절로 나뉘지 않을 때에만 단음소의 실현으로 볼 수 있다.

러시아어, 폴란드어, 체코어 등에서는 소리 연쇄 ts를 구성하고 있는 두 요소들이 항상 같은 음절에 속하므로, 이 소리 연쇄는 한 음소 c로 분석해야 한다. 반면에 핀란드어에서는 이 소리 연쇄가 단어의 내부에만 나타나서 t는 앞의 음절을 닫고 s는 뒤의 음절을 시작하는 역할을 하기 때문에, 이것은 음소 연쇄 t+s의 실현으로 보아야 한다.

규칙 2 : 소리 연쇄는 단 한 가지 조음 운동에 의해서나, 하나의 조음 복합체의 점차적인 해체에 의해서 형성될 때만 한 음소로 분석될 수 있다.

이중모음을 단음소로 보아야 하는 일이 아주 흔히 있다. 예를 들어 ei와 ou를 단음소로 여겨야 하는 영어에서 이러한 경우가 가장 분명하게 나타나 있다. 알려진 바와 같이 영국인들은 독일어의 장모음 e, o를 ei, ou로 발음한다. 이것은 독일어의 단음소들을 영어의 이중모음으로 된 음소들로 생각하기 때문이다.

또 두 자음 사이에 나타나는 '과도음'은 앞의 자음이나 뒤의 자음에 '귀속시키므로', '고정음'은 그 옆에 나타나 있는 과도음과 함께 한 단위를 형성하게 된다. 그러나 's+s에서 k에 이르는 과도음 +s'와 같은 연쇄에서는 비록 여기에서 k의 진정한 조음을 하지 않았다 해도, 과도음을 특정한 음소, 즉 k의 실현으로 보아야 할 것이다. 이때는 더 이상한 가지 조음 운동에 관계되고 있지 않기 때문이다.

규칙 3 : 소리 연쇄의 지속이 그 언어에 있는 다른 음소들이 실현되는 지속 시간을 초과하지 않는 경우에만 그 소리 연쇄는 하나의 음소로 분석될 수 있다.

이 규칙은 실제로 앞의 두 규칙들보다 덜 중요하다. 예를 들면 러시아어의 파찰음 c, č의 지속 시간은 '짧은' 다른 자음들의 지속보다 보통은 더 길지 않으며, 어쨌든 그 지속은 절대로 ks, kš 같은 소리 연쇄의 보통 지속 시간에도 미치지 못한다는 사실을 항상 강조할 수 있다.

다음에 뒤따르는 규칙들은 잠재적으로 단음소적인 소리의 복합체가 어떤 경우에 실제로 단음소로 분석되어야만 하는가를 나타내 주고 있다.

규칙 4 : 잠재적으로 단음소적인 [다시 말해서 규칙 1과 규칙 3의 조건에 들어맞는] 소리 연쇄가 하나의 음소로 다루어지면, 즉 그 언어에서는 음소 연쇄가 용납되지 않는 음성 위치에 나타나면, 그것은 한 음소의 실현으로 분석되어야 한다.

많은 언어들이 단어 첫머리에 어떠한 자음 연쇄도 용납하지 않는다. 만일 이러한 언어에서 ph, th, kh 또는 pf, ts, kx 또는 tw, kw… 등과 같은 소리 연쇄가 단어 첫머리에 나타날 수 있다면, 이들은 분명히 단음소가 실현된 것으로 보아야 한다[유기자음, 파찰음, 원순자음 등]. 예를 들면 중국어에서 ph, th, kh, tsh, tšh도 마찬가지다. 독일어는 단어 첫머리에 '자음+l' 연쇄를 용납한다. klar(밝은), glatt(미끄러운), plump(무거운)의 경우다. 또 '자음+w' 연쇄, 즉 Qual(고통), schwimmen(헤엄치다)의 경우도 있다. 그리고 štr, špl, špr를 제외하고 세 자음으로 이루어진 연쇄는 일반적으로 독일어 단어 첫머리에 나타나지 않으므로 독일어에서 pf와 ts는 적어도 문어에서는 단음소로 보아야 한다.

규칙 5 : 규칙 1~3 조건에 맞는 소리 연쇄가 음소 목록에서 평행 관계를 이루게 되면 그것은 한 음소의 실현으로 보아야 한다.

체첸어, 그루지야어, 침시안어[1] 등과 같은 언어에서는 어느 위치에서나 자음 연쇄가 용납되지만, ts, tš 연쇄는 음소 연쇄가 실현된 것이 아니고 단음소(파찰음)로 보아야 한다. 이것은 음소 체계의 내용 전체로 증명되기 때문이다. 이 언어에서 모든 폐쇄음은 성문 폐쇄와 함께 나타나는 폐쇄음과 성문 폐쇄 없이 나타나는 폐쇄음의 두 가지로 나타나는 반면에, 이러한 대립은 마찰음에는 존재하지 않는다.

규칙 6 : 잠재적으로 단음소적인 소리 연쇄의 일부분이 그 언어의 어떤 음소의 결합변이음으로도 분석될 수 없으면, 그 소리 연쇄 전체는 하나의 특정한 음소의 실현으로 볼 수 있다.

세르보-크로아티아어와 불가리아어에서 r는 흔히 음절 형성의 기능을 지니고 있다. 여기에서는 보통 r와 불확정 과도 모음으로 형성된 소리 연쇄가 나타나며, 이 과도 모음은 주위 음성 환경에 따라서 때로는 r 앞이나 뒤에 나타난다. 불확정 모음이 다른 위치에 나타나지 않는 세르보-크로아티아어에서는 r 앞이나 뒤에 놓인 불확정 과도 모음은 이 언어 음운 체계의 어떤 음소와도 같게 볼 수 없

1) 침시안어(tsimshiane) : 북아메리카 인디언 언어 중의 하나.

으며, r와 그 앞이나 뒤에 오는 과도 모음으로 이루어진 소리 연쇄 전체를 하나의 음소로 보아야 한다.

반면에 불가리아어에서는 다른 위치에서도 마찬가지로 '불확정 모음'이 나타난다[예를 들어 kăštă(집)=kəštə, păt(길)=pət]. 음절을 형성하는 r와 함께 나타나는 과도 모음은 이러한 불확정 모음의 결합변이음에 해당되며 이 소리 연쇄 전체를 다음소적인 것으로, 다시 말해서 ăr 또는 ră처럼 보아야 한다.

규칙 6의 결과로, 잠재적인 단음소적 소리 연쇄는 그 언어에서 문제가 될 수 있는 유일한 음소들의 연쇄가 규칙 1에서 규칙 3까지 적용되지 않는 또 다른 소리 연쇄로 실현된다면 단음소의 실현으로 보아야 한다.

2) 다음소적 가치

하나의 소리 연쇄가 지니는 단음소적 가치는 하나의 소리에 있는 다음소적 가치와 직접적으로 대립된다. 이것은 거의 대부분이 모음 앞에 자음이 오거나 또는 모음 뒤에 자음이 오는 것으로 구성되어 있는 음소 연쇄로 때로는 하나의 자음으로, 때로는 하나의 모음으로 실현된다. 첫 번째 경우는 '억눌린(étouffé, 실현되지 않은)' 모음이 다른 음성적 환경에서 특히 약한 간극도를 나타내는 경우에만, 따라서 이 모음이 음향적으로나 조음적으로 자음에 근접하는 경우에만 일어날 수 있다. 이와는 반대로 두 번째 경우는 억눌린 자음이 다른 위치에서 특히 '열리게(ouverte)' 실현되는 경우에만, 다시 말해서 가능하면 가장 큰 간극으로, 또 가능하면 마찰을 가장 적게, 그 결과 모음과 비슷하게 발음될 때에만 가능하다. 실제로 첫 번째 경우에는 단모음이나 무강세 모음, 폐모음 또는 불확정 모음이 해당되며, 두 번째 경우에는 명음(sonante)인 유음, 비음, w, j가 속한다. 단음소가 다음소적 가치를 지니기 위한 음성학적인 전제란 이와 같다. 이러한 현상의 음운론적 조건에 관해서는 다음과 같은 내용으로 모두가 요약될 수 있다.

규칙 7 : 만일 하나의 소리와 위에 제기된 음성학적인 전제에 부합되는 소리 연쇄 사이에 결합변이음 또는 임의적 변이음의 관계가 존재하면, 그리고 이 소리 연쇄가 음소들의 연쇄가 실현된 것으로 보아야 하면, 하나의 소리도 마찬가지로 이와 같은 음소들의 연쇄가 실현된 것으로 보아야만 한다.

여기에서 세 가지 전형적인 경우를 구별할 수 있다.

a) 하나의 소리는 소리 연쇄가 나타날 수 없는 위치에서만 나타난다. 예를 들면 독일어에서 음절을 구성하고 있는 l, m, n은 자음 앞 무강세 음절에나 끝에 온다. 반면에 el, em, en 연쇄는 모음 앞 무강세 음절에 온다. 이 소리 연쇄는 단음소로 볼 수 없으며, 이는 음절 경계가 ə와 그다음의 명음 사이에 놓이기 때문이다[앞의 1) 단음소적 가치에 관한 규칙 1을 참조할 것]. 따라서 분명히 음절을 구성하는 l, m, n은 음소 연쇄 'əl', 'əm', 'ən'의 실현으로 보아야 한다.

b) 하나의 소리 α는 특정한 소리 연쇄(αβ 또는 βα)에만 나타나며, 이 α는 특정한 음소의 결합변이음의 가치를 지닌다. 이 밖에도 α는 소리 연쇄 αβ(또는 βα)가 허용되지 않는 다른 위치에도 나타난다. 이 위치에서 하나의 소리 α는 αβ(또는 βα) 소리 연쇄 전체를 대신하는 것으로 보아야 하며 따라서 상응되는 그 음소 연쇄의 실현으로 보아야 한다.

c) 일반적으로, 혹은 다만 어떤 위치에서만 [예를 들어 첫머리 또는 끝에] 자음 연쇄가 허용되지 않는 언어들에서는 폐모음들이 임의적으로 억눌리고, 또 다른 모음 앞에 오는 자음은 '자음+폐모음' 연쇄의 실현 가치를 가지게 된

다. 어떤 자음 연쇄도 단어 첫머리에 허용되지 않는 우즈베크어에서는 첫 음절의 무강세 i는 대부분 억눌려 실현된다. 일본어에서도 일반적으로는 '비음+자음'은 제외하고 어떠한 자음 연쇄도 나타나지 않으며, 끝에서는 원칙적으로 자음은 전혀 용납되지 않는다.

4. 외국어 소리의 단음소적 또는 다음소적 평가에 대한 오류

단음소적 평가 또는 다음소적 평가에 관한 여러 규칙들은 그 체계의 구조와 체계 안에서 그 소리가 수행하고 있는 특별한 역할에 관계된다. 따라서 어떤 언어에서 단음소적 가치 또는 다음소적 가치를 지니고 있는 소리 또는 소리 연쇄가 다른 언어에서도 반드시 똑같은 가치를 지니고 있지는 않다. 그러나 외국어를 인지하는 데 '예견하지 못한(non prévenu)' 관찰자는 자신의 모국어에 나타나 있는 관계로 조건 지어진 소리의 가치를 외국어에도 적용한다. 바로 이렇게 해서 그는 당연히 이 외국어에 대하여 완전히 잘못된 표상을 갖게 된다.

폴리바노프(E. L. Polivanov)는 논문 〈외국어 소리의 인지〉에서 교훈적인 몇 가지 예를 들고 있다. 일본어에는 일반적으로 자음 연쇄가 나타나지 않으며 폐모음은 아주 짧아서 임의적으로 억눌려 실현되므로, 일본인들은 외국어에서도 마찬가지로 자음들 사이와 단어 끝에서 짧은 폐모음을 듣는다고 생각한다. 폴리바노프는 러시아 단어 tak(이렇게), put'(길), dar(현재), kor'(홍역)을 일본 사람들이 taku, puči, daru, kor'i로 발음하는 것을 예로 든다. 마찬가지로 폴리바노프가 인용한 또 다른 예는 한국어에서 's+자음' 연쇄의 처리다. 한국어에서는 일본어와 다르게 다만 단어 내부에서이기는 하지만 어떤 자음 연쇄를 허용한다. 그러나 's+자음' 연쇄는 현대 한국어에는 존재하지 않는다. 만일 한국인이 외국어에서 이러한 종류의 소리 연쇄를 듣는다면, 그는 이 s를 다음 자음을 발음하는 특별한 조음[그가 모방할 수 없는]으로 여기며, 그가 문제의 단어를 따라 발음하게 되는 경우에는 s를 생략하면서 발음한다. 즉, 러시아어 starik skazal(그 노인이 말했다)은 'tarik kazal'로 발음한다. 우리가 외국어에서 모국어에는 나타나지 않는 소리를 들을 때마다, 우리는 그 소리를 소리 연쇄로 알아듣게 되어 음소들의 연쇄가 실현된 것으로 생각하게 된다. 대부분이 거기에서 인지된 소리는 사실상 이러한 생각을 하게 되는 구실에 지나지 않는다. 모든 소리는 '음성 원자(atome phonique)'의 연속체이기 때문이다. 유기음은 실제로 폐쇄, 파열과 기식 부분으로, 파찰음은 폐쇄와 마찰잡음 부분으로 구성되어 있다. 그러므로 외국인의 모국어에 이들 소리가 존재하지 않거나 단음소적인 가치를 지니고 있지 않을 때, 이들 소리를 음소 연쇄가 실현된 것으로 간주하는 것은 전혀 놀랍지 않다. 마찬가지로 러시아인과 체코인이, 영국인들은 완전히 단음소적인 것으로 보는 영어의 장모음을 이중모음이나 두 모음의 연쇄로 파악한다는 것은 당연하다. 이 모음들은 실제로 '동적 이중모음(diphtongue de mouvement)'이기 때문이다. 그러나 외국어 소리를 다음소로 파악하는 것은 대부분이 착각에 근거를 두고 있다. 실제로는 동시에 나타나는 조음상의 여러 다른 특성들이 연속적으로 실현되는 것처럼 인지하기 때문이다. 불가리아인들은 독일어의 ü를 yu로 파악한다. 그들은 독일어 ü에서 동시에 혀가 앞으로 이동하는 것과 입술을 앞으로 내미는 것이 서로 다른 순간에 이루어지는 것으로 인지하기 때문이다.

외국어를 공부하는 데는 이러한 모든 어려운 점을 극복해야만 한다. 발성 기관을 새로운 조음 방법에 적응시키는 것으로 충분하지 않다. 또한 이 새로운 조음 방법을 단음소나 다음소로 정확하게 분석하는 언어 의식에 익숙해져야 한다.

III. 변별적 대립의 논리적 분류

1. 음소의 내용과 음소 체계

위에서 지적한 규칙들을 정확하게 사용해서 어떤 언어가 가지고 있는 모든 음소의 완전한 목록을 세울 수 있다. 그러나 또한 개별적으로 취한 각 음소의 음운론적 내용을 확정해야 한다. 음운론적 내용이란 한 음소가 지니고 있는 음운론적 변별 자질 전체를 뜻한다. 다시 말해서 이 음소의 모든 변이음에 공통적이면서 같은 언어의 다른 모든 음소들, 그중에서도 특히 이 음소와 가장 밀접하게 관계를 맺고 있는 음소들과 이 음소를 구별해 주는 자질들을 말한다. 독일어의 'k'는 '연구개음'으로 정의될 수 없다. 이 자질은 'k'의 변이음들 중 일부에만 속하기 때문으로, 'k'는 i와 ü 앞에서 경구개음으로 실현된다. 다른 한편으로 독일어의 'k'를 '설배음'으로 정의하는 것도 충분하지 못하다. 'g'와 'ch'도 역시 '설배음'이기 때문이다. 그러므로 독일어의 'k' 음소는 오직 '비음화되지 않은 긴장된 설배 폐쇄음'으로만 정의될 수 있다. 다른 말로 바꾸어 말하면, 독일어의 'k' 음소에는 다음의 자질들만이 음운론적으로 관여적이 된다. 첫째, 완전한 폐쇄['ch'에 대립됨], 둘째, 비강으로 이르는 통로 차단['ng'에 대립됨], 셋째, 혀 근육의 긴장과 동시에 후두 근육의 이완['g'에 대립됨]과 넷째, 조음에 설배 참여['t', 'p'에 대립됨]다. k는 이 네 가지 자질들 중의 첫째 자질을 t, p, tz, pf, d, g, m, n, ng와 공통으로 갖고 있다. 둘째 자질은 g, t, d, p, b와 공통된다. 셋째 자질은 p, t, ss, f와 공통이다. 넷째 자질은 g, ch, ng와 공통이다. 이 네 가지 자질 전부가 오직 k에만 적합한 것이다. 이것으로 한 음소의 음운론적 내용을 규정하는 것은 그 음소가 문제의 언어에 존재하고 있는 음운 대립 체계의 한 항을 이루고 있다는 것을 전제로 한다고 볼 수 있다. 한 음소의 내용을 정의하는 것은 문제의 음소들의 체계에서 그 음소가 차지하는 위치, 다시 말해서 결국 그 음소와 대립을 이루고 있는 다른 음소들에 달려 있다. 그러므로 어떤 음소는 때로 완전히 부정적 정의를 갖게 될 수도 있다.

2. 대립의 분류

1) 대립 체계 전체와 대립이 가지는 관계에 따라서 : 일

원 대립(opposition bilatérale)과 다원 대립(multilatérale), 비례 대립(proportionnelle)과 고립 대립(isolée)으로 분류한다. 음소 체계의 구조는 바로 이 대립 관계에 근거를 두고 있다.

한 언어의 음소 목록은 정확하게 말해서 음운 대립 체계에서 필연적으로 파생되는 결과에 지나지 않는다. 음운론에서 중요한 역할은 음소가 아니고 변별적 대립이다. 어떤 음소를 정의할 수 있는 음운 내용은 오직 음운 대립 체계가 특정한 구조와 질서를 보여주기 때문이다. 이 구조를 이해하기 위해서 여러 다른 유형의 음운 대립을 연구해야 한다.

어떤 대립은 그 대립항들이 서로 구별되는 특성들뿐만 아니라 대립의 두 항들에 공통되는 특성들 또한 전제로 하고 있다. 이러한 특성들은 '비교의 근거(base de comparaison)'라고 부를 수 있다. 어떠한 비교의 근거도 가지고 있지 않은, 다시 말해서 어떠한 공통적인 특성도 가지고 있지 않은 두 사물, 예를 들면 잉크병과 자유로운 심판관은 대립 관계를 이루지 못한다. 어떤 언어의 음운 체계와 같은 대립 체계에서는 일원 대립과 다원 대립의 두 종류 대립을 구별해야 한다. 일원 대립에서 비교의 근거,

다시 말해서 대립의 두 항이 공통으로 가지고 있는 특성의 총체는 이 두 항에만 고유한 것이며, 같은 체계의 어떤 다른 항에도 나타나지 않는다. 이와는 반대로 다원 대립의 비교의 근거는 문제가 되고 있는 대립의 두 항에만 독점적으로 제한되지 않으며, 같은 체계의 다른 항에도 역시 적용된다. 일원 대립과 다원대립 사이의 차이점은 라틴어 알파벳에서 찾아낸 예로 설명될 수 있다. E와 F의 문자 대립은 일원적이다. 이 두 문자에 공통되는 특징의 총체[수직대 하나와 오른쪽으로 향하고 있는 두 개의 수평 막대기, 그중 하나는 위의 끝에 고정되어 있고, 또 다른 하나는 수직대 가운데에 고정되어 있다]는 어떤 다른 라틴어 문자에서도 다시 찾아볼 수 없다. 반면에 P와 R 문자의 대립은 다원적이다. 두 문자가 공통으로 가지고 있는 특징 [수직대 위 끝에서 오른쪽으로 향해 있는 고리 모양 같은 것]은 이 두 문자 외에도 B에서 또 나타나기 때문이다.

일원 대립과 다원 대립의 구별은 대립의 일반 이론에서 상당히 중요하다. 이 구별은 어떠한 대립 체계에서도 이루어질 수 있으며, 따라서 당연히 음운 대립 체계(또는 음소들의 목록표)에서도 이루어질 수 있다. 독일어에서 t-d 대립은 음운 체계에서 유일한 폐쇄치음이기 때문에 일원적이다. 이와는 반대로 d-b 대립은 다원적이다. 이 두 음소가 공통으로 가지고 있는 점, 즉 정도가 약한 폐쇄성이 독일어의 다른 음소, 즉 g에서도 나타나기 때문이다. 그러므로 각 음운 대립의 경우, 그 대립이 일원적인지 다원적인지를 정확하고 분명하게 알아볼 수 있다. 전체 대립 체계 안에서 다원 대립은 일원 대립보다 수가 더 많다. 그러나 한 음소의 음운론적 내용을 규정하는 데는 일원 대립이 가장 중요하다. 일원 대립은 수가 비교적 적기는 하지만, 음운 체계 구조에서 중요한 역할을 한다.

다원 대립은 동질(homogène) 대립과 이질(hétérogène) 대립으로 구별할 수 있다. 다원 대립을 이루고 있는 항들이 일원 대립 '연쇄'의 극단 지점으로 볼 수 있으면, 그 다원 대립은 동질적이다. 독일어에서 u-e의 대립은 다원적이다. 즉 두 음소는 모음이라는 것만을 공통점으로 가지고 있으며, 이 특성은 또한 독일어의 다른 모든 일련의 음소들, 즉 모든 모음에 나타난다. 그러나 u-e 대립의 항들은 분명히 일원 대립을 이루고 있는 연쇄 u-o, o-ö, ö-e의 극단 지점으로 볼 수 있다. 독일어 모음 체계에서 u와 o는 유일한 후설원순모음이며, o와 ö는 유일한 중간 간극 원순모음이고, ö와 e는 유일한 중간 간극 전설모음이다. 따라서 u-e의 대립은 동질적이다. 어떤 언어의 전체 음운 체계에서 이질 다원 대립이 동질 다원 대립보다 항상 수가 더 많다는 것은 분명하다. 그러나 음소의 음운론적 내용을 규정하기 위해서, 또 음운 체계의 전체 구조를 위해서는 동질 대립이 매우 중요하다.

동질 다원 대립을 두 종류로 구별할 수 있다. 즉 대립항들이 오직 하나의 일원 대립의 연쇄에 연결될 수 있느냐, 또는 여러 개의 '연쇄'에 연결될 수 있느냐에 따라서 직선 대립과 비직선 대립으로 나눌 수 있다. x-ŋ 대립은 x-k-g-ŋ 의 연쇄만이 독일어 음운 체계의 범위에서 유일하게 생각할 수 있는 것이기 때문에 직선 대립이다. 반면에 u-e 대립은 독일어 음운 체계 내부에서 u에서 e에 이르는 '길'이 일원 대립의 여러 다양한 '연쇄', u-o-ö-e, 또는 u-ü-ö-e, 또는 u-ü-i-e, 또는 u-o-a-ä-e를 택할 수 있기 때문에 비직선 대립이다.

또 일원 대립과 다원 대립의 구별 못지않게 중요한 것이 비례 대립과 고립 대립의 구별이다. 대립의 항들 사이에 존재하는 관계가 같은 체계의 다른 한 대립(또는 다른 몇 대립들) 사이에 존재하는 관계와 같으면 그 대립은 비례 대립이라고 한다. 독일어에서 p-b 대립은 p와 b사이의 관계가 t와 d, 그리고 k와 g 사이와 같기 때문에 비례 대립이다. 이와 반대로 p-sch 대립은 고립적이다. 독일어 음운 체계에는 어떠한 쌍의 음소도 p와 sch가 갖는 관계와 똑같은 관계를 가지고 있지 않기 때문이다. 비례 대립과 고립 대립의 구별은 일원 대립과 다원 대립에서 마찬가지로 나타날 수 있다. 독일어에서 a) p-b는 일원 비례 대립이고, b) r-l은 일원 고립 대립이며, c) p-t는 다원 비례 대립이고, d) p-sch는 다원 고립 대립이다.

모든 체계에서 고립 대립은 비례 대립보다 훨씬 더 수가 많다. 일원 대립에서는 비례 대립이 우세하고 다원 대립에서는 고립 대립이 우세하다.

절대 수치는 물론 각각의 언어에서 다르다. 그러나 원칙적으로 그 비율은 항상 같다. 즉 가장 중요한 무리는 다원 고립 대립에 의해서 형성되고, 또 가장 약한 무리는 일원 고립 대립에 의해서 형성된다. 이 두 극단 사이에 비례 대립이 위치해 있으며, 그중에서 다원 대립이 일원 대립보다 항상 수가 더 많다. 어떤 체계를 특징짓는 데 중요한 것은, 여러 다른 부류의 대립들 사이에 존재하고 있는 숫자상의 비율이 아니라, 이러한 각각의 부류에 속하고 있는 음소들의 비율이다.

서로 다른 유형의 대립들은 음운 체계로서 음소들의 목록, 구조 또는 내부의 서열을 결정짓는다. 음소를 평행 계열로 분포시켜서 이루어지는 서열은 종이 위에서만 존재하지 않으며 단순히 도표상의 가치만을 지니고 있지 않다. 이 서열은 오히려 음운론적 실재에 더 잘 부합된다. 두 음소들 사이의 특정한 관계가 여러 비례 대립 속에 나타난다는 사실로 서로 다른 음소들이 독립적으로 구상될 수 있으며 음운론적으로 사용될 수 있게 된다. 그리고 이것은 문제의 음소들에 부합되는 특성들을 특히 분명하게 그 자체로 보도록 하며, 그 음소들을 음운론적 표지로 아주 쉽게 분석할 수 있게 해준다.

어떤 음소의 내용과 그 음소가 음운 체계 안에서 차지하는 위치, 그 내용과 체계의 구조 사이의 종속 관계는 음운론의 기본 사항이다. 음운 대립 체계는 언어마다 다르기 때문에, 음소의 음운론적 내용도 마찬가지로 언어에 따라서 달라진다. 그 차이점은 음소들의 실현 속에도 남아 있을 수 있다.

2) 대립항들의 관계에 따른 대립의 분류 : 유무 대립(opposition privative), 단계 대립(graduelle), 등치 대립(équipollente)

음소 체계의 구조는 일원 대립, 다원 대립, 비례 대립과 고립 대립의 분포에 달려 있다. 따라서 대립을 이 네 범주로 분류하는 것은 상당히 중요하다. 이 경우에 분류의 원칙은 음소 체계에 의거한다. 즉 어떤 대립이 일원적인가 혹은 다원적인가 하는 것은 대립항들에 공통적인 특성이 이들 항에만 유일한지 혹은 같은 체계의 다른 항들 속에도 있는지 여부에 달려 있다.

어떤 대립이 비례적인가 또는 고립적인가 하는 것은 같은 대립 관계가 같은 체계의 다른 대립들 안에도 있는지 없는지 여부에 달려 있다. 그러나 음운 대립의 유형은 두 대립항들 사이의 순전히 논리적인 관계를 분류 원칙으로 적용하면서 문제의 체계를 고려하지 않고도 마찬가지로 분류될 수 있다. 그러한 분류는 음소 목록의 순전히 외적인 구조에는 별로 중요하지 않으나, 음소들의 체계가 어떻게 기능하는가를 평가하는 데는 대단히 중요하다.

대립항들의 관계에 비추어볼 때 음운 대립은 다음의 세 가지 유형으로 나누어질 수 있다.

a) 유무 대립은 대립의 한 항에 표지가 나타나고, 다른 항에는 표지가 나타나지 않는 것으로 특징지어지는 대립이다. '유성(sonore)－무성(sourd)', '비음(nasalisé)－구강음(non nasalisé)', '원순(arrondi)－비원순(non arrondi)'이 해당된다. 표지가 나타나는 대립항은 '유표항(terme marqué)'이라 하고, 표지가 나타나지 않는 대립항은 '무표

항(terme non marqué)'이라고 부른다. 이 대립의 유형은 음운론에서 대단히 중요하다.

b) 단계 대립은 똑같은 특성이 항들 사이에 정도의 차이가 있는 것으로 특징지어진다. 두 가지 서로 다른 간극도의 모음들 사이의 대립[독일어의 u-o, ü-ö, i-e]이 해당된다. 어떤 특성의 극단 정도(최대 또는 최소)를 나타내 주는 단계 대립의 항은 극단항이며, 다른 항은 중간항이다. 단계 대립은 비교적 드물며 유무 대립보다 덜 중요하다.

c) 등치 대립은 두 항들이 논리적으로 등가를 지니는 것으로, 다시 말해서 어떤 특성의 두 가지 단계가 될 수 없거나, 어떤 특성의 유무로도 볼 수 없는 대립을 말한다. 예를 들면 독일어의 p-t, f-k 등의 대립으로, 등치 대립은 각 언어 체계에서 모든 대립들 중에 수가 가장 많다.

음운 체계와 그 체계의 기능으로부터 찾아내고 가려낸 음성 대립은 항상 등치적이며 동시에 단계적 대립이다. 예를 들면 u와 o 두 모음을 간극이나 폐쇄의 두 극단적 가치로 본다면, 이 두 모음 사이의 관계는 유무적이다. 원순 또는 후설모음에서 u는 '비개'모음, o는 '개'모음에 해당된다. 또는 그와 반대로 u가 '폐'모음, o는 '비폐'모음도 된다. 그러나 같은 모음 체계 안에 간극도가 o의 것보다 훨씬 더 큰 세 번째 모음이 존재하게 되는 경우에는 똑같은 관계가 단계적 관계가 된다. 그렇게 되면 u는 단계 대립의 극단항, o는 중간항이 된다. 그러므로 음운 대립의 등치적, 단계적 또는 유무적 가치는 그것을 고찰하기 위해서 취하는 관점에 달려 있다. 각 대립의 평가는 음운 체계의 구조와 기능에 의해서 대부분이 객관적으로 정해지며 절대로 모호하지 않다. 그러나 그 이외에도 대립 그 자체를 단계 대립 또는 유무 대립으로 분석할 수 있게 해주는 무엇인가가 포함되어 있어야 한다. k-l과 같은 대립은 어떠한 상황에서도 유무 대립 혹은 단계 대립이 될 수 없다. 이 항들은 같은 특성을 지니고 있거나 지니고 있지 않은 것으로 볼 수 없으며, 이 특성의 두 가지 서로 다른 정도의 차이를 보여주는 것으로도 판단할 수 없기 때문이다. 그러나 u-o 대립은 유무 대립('폐모음－비폐모음' 또는 '개모음－비개모음')뿐만 아니라, 단계 대립으로도 생각할 수 있다. 바로 이 대립이 실제로 유무적인 것으로, 또는 단계적 혹은 등치적인 것으로 보아야 하는 것은 그 음운 체계의 기능 수행과 구조에 달려 있다.

3) 변별적 기능 범위와 관련된 대립의 분류 : 불변 대립

(opposition constante)과 중화 대립(neutralisable)

'음운 체계의 기능화(fonctionnement d'un système de phonèmes)'란 그 언어에서 허용되는 음소들의 결합과 여러 대립의 음운론적 가치에 대한 규칙을 뜻한다. 지금까지 우리는 단어와 형태를 형성하는 데 음운 단위들의 실제적 분포에는 주의를 하지 않고 대립의 체계, 음운 대립, 음소들에 관해 말했다. 그렇지만 어떤 언어에서 다양한 대립의 역할은 모든 음성 위치에서 실제로 변별적 기능을 가지고 있는 정도에 따라 매우 다양하다. 덴마크어는 æ 와 e가 모든 위치에 나타난다. 이들은 불변 음운 대립을 이루고 있으며, 그 항들은 독립적 음소가 된다. 러시아어는 e와 j가 습음 자음 앞에서만 나타나는 반면에 ε는 모든 다른 음성 위치에 나타난다. 그러므로 e와 ε는 치환될 수 없는 소리들이며, 두 개의 독립적인 음소가 아닌 한 음소의 두 결합변이음으로 보아야 한다. 그러나 프랑스어에서 e와 ε는 les[정관사 복수형]-lait(우유), allez[aller의 복수 2인칭]-allait[aller의 반과거 단수 3인칭]와 같이 어말 개음절에서만 변별적 음운 대립의 항으로 나타난다. 이 밖의 다른 위치에서는 e와 ε의 출현이 규칙적으로 조정되어 폐음절에서는 ε, 개음절에서는 e가 나타난다. 따라서 이 두 모음은 어말 개음절에서만 두 개의 음소가 되며, 이 밖의 다른 모든 위치에서는 한 음소의 결합변이음이다. 따라서 프랑스어에서 이러한 음운 대립은 어떤 위치에서는 중화되어 있다. 이러한 유형의 대립을 중화적(neutralisable)이라고 한다. 중화가 일어나는 음성의 위치를 중화 위치(position de neutralisation)라고 하며 대립이 그 가치를 그대로 지니고 있는 위치는 변별 위치(position de pertinence)라고 한다.

불변 음운 대립과 중화 음운 대립 사이의 차이점은 음운 체계의 기능화를 위해서 대단히 중요하며 음운 체계 이론의 중요한 근거로 간주되어야 한다. 음운 대립의 유형들은 모두 다 '중화될 수' 없다. 중화될 수 있는 대립이 실제로 중화된 위치에서는 대립을 이루는 항들 중 하나의 특정한 표지가 음운 가치를 잃게 되고 두 항들이 공통으로 가지고 있는 자질들, 다시 말해서 이 대립의 비교 근거가 되는 것만이 변별적으로 된다. 그러므로 중화 위치에서는 대립항들 중 하나가 이 대립의 '원음소'를 대표하게 된다. '원음소(archiphonème)'란 두 음소에 공통적인 변별적 특성들의 총체를 뜻한다. 따라서 일원 대립만이 중화될 수 있다는 결론이 나온다. 실제로 그 체계의 모든 다른 음운 단위와 대립을 이룰 수 있는 대립들만이 원음소를 갖게 되며, 대립될 수 있는 이러한 자질이 일반적으로 음운 존재의 기본적인 조건이 된다.

중화 대립의 원음소 대표음은 어떻게 실현되어야 하는가? 여기에는 다음과 같은 네 가지 경우가 가능하다.

첫 번째 경우 : 중화 위치에 나타나는 중화 대립의 원음소 대표음은 대립의 어느 항과도 같지 않다. 이 경우에는 다음과 같이 실현된다.

a) 대립의 두 항이 실현된 것과 음성학적으로 유사하지만 둘 중의 어느 것과도 일치하지 않는 소리로 실현된다. 영어에서는 유성연음 b, d, g와 무성경음 p, t, k 사이의 대립이 s 뒤에서 중화되는데, 이 위치에서 특별한 무성연음이 나타난다. 이 경우에 원음소는 대립을 이루는 두 항들의 중간 소리(son intermédiaire)로 실현된다.

b) 원음소의 대표음이 대립항들과 공통으로 가지고 있는 자질 외에 그 자신에게만 고유한 특정한 자질을 더 가지고 있는 경우에는 약간 달라진다. 특정 자질들은 대립의 중화가 일어나는 경우에 인접한 음소와 접근해서 생기는 결과다. 예를 들면 북경 지방의 중국 방언에서 k-c의 대립이 i와 ü 앞에서 중화되며, 경구개음 č가 원음소의 대표

음으로 나타난다.

두 번째 경우 : 원음소의 대표음은 대립항들 중의 하나의 실현과 같은데, 이 원음소 대표음의 선정은 외부적으로 결정된다. 이것은 중화 대립의 중화가 어떤 음소와 인접하고 있느냐에 따라 가능할 뿐이다. 대립항이 인접하고 있는 음소와 '유사하거나', '동족 관계에 있거나', 심지어 완전히 같으면 그 항이 원음소의 대표음이 된다. 무성장애음과 유성장애음(또는 긴장음과 비긴장음) 사이의 대립이 같은 조음 유형의 장애음 앞에서 중화되는 언어에서는 유성장애음(비긴장음) 앞에서 유성장애음만 나타날 수 있고 무성음(긴장음) 앞에서는 무성장애음만 나타날 수 있다.

세 번째 경우 : 원음소를 대표하기 위한 대립항 선택은 내적으로 결정된다.

a) 이러한 유형은 중화 위치에서 대립항들 중의 하나가 나타나며, 그 선택은 중화 위치의 특성과 전혀 관계가 없다. 그러나 대립항들 중의 하나가 상응하는 원음소를 대표하기 위해서 이 위치에 나타나게 되므로 그 특정한 자질은 비변별적으로 되는 반면에, 짝 항의 특정한 자질은 완

전한 음운론적 변별성을 지니게 된다. 그러므로 대립의 첫 항은 '원음소+제로'로, 둘째 항은 '원음소+특정한 표지'로 보아야 한다. 다시 말해서 중화 위치에 허용되는 대립항은 그 음운 체계의 관점에서는 무표항이 되는 반면에 그에 대립된 항은 유표항이 된다.

b) 그렇지만 중화 대립이 유무적이 아니라 단계적이라면[예를 들어 서로 다른 간극도를 지닌 모음들 사이의 대립이나 서로 다른 높이의 성조 대립], 항상 대립의 극단항이 중화 위치에 나타난다. 러시아어는 무강세 음절에서 o-ɑ의 대립이 중화되며, 가장 열린 모음(또는 가장 덜 닫힌 모음) ɑ는 바로 강세 음절 앞에서 상응하는 원음소를 대표하고 있다. 이러한 현상의 원인은 아주 분명하다. 우리는 이미 같은 음운 체계에 같은 특성의 또 다른 정도를 나타내는 다른 요소가 포함되어 있을 때만 단계 대립으로 간주할 수 있다는 사실을 강조했다. 게다가 이 정도는 대립의 '중간' 항보다 항상 훨씬 너 높아야 한다. i-e는 같은 모음 체계에 e보다 훨씬 더 큰 간극도의 모음이 포함되어 있으면 단계 대립을 형성한다. 그러므로 단계 대립의 '극단'항은 항상 문제의 특성이 최소 정도를 나타내는 반면에, 중간항은 이 최소 정도를 넘는다. 다시 말해서 '최소 정도+같은 특성의 무엇'으로 나타낼 수 있다. 그리고 원음

소는 대립의 두 항에 공통적인 것만을 포함해야 하기 때문에, 대립의 극단항으로만 나타낼 수 있다.

만일 중화 대립이 논리적으로 등치적이라면, 원음소 대표음의 선택이 당연히 내적으로 결정될 수 없다. 그러나 논리적 등치 대립의 중화는 드문 현상이라는 것을 알 수 있다.

네 번째 경우 : 대립을 이루는 두 항 모두가 원음소를 대표한다. 즉 하나의 항은 중화 위치의 일부에서, 또 다른 항은 중화 위치의 또 다른 부분에서 원음소를 대표한다. 이 경우는 대립을 이루는 두 항의 어느 것도 원음소를 대표하지 않는 첫 번째 경우와 논리적으로 대립되고 있다. 이 네 번째 경우는 순수한 형식으로 나타나기가 매우 드물며, 대부분 두 번째와 세 번째 경우의 단순한 결합이다. 일본어에서 i 또는 j의 영향을 받은 습음 자음과 비습음 자음의 대립은 e와 i 앞에서 중화된다. 습음 자음은 i 앞에서, 비습음 자음은 e 앞에서 문제의 원음소를 대표한다. 여기에서 원음소 대표음의 선택은 i 앞에서는 외적으로, e 앞에서는 내적으로 결정된다는 것이 분명하다. 그러나 이러한 해석이 용납될 수 없는 경우들도 있다.

유무 대립의 중화에서 어느 항이 무표항이고, 유표항인가를 분명하고 객관적으로 나타내 주는 경우가 있다. '세 번째 경우'에는 중화 대립의 무표항이 원음소의 유일한 대표음이 되며, '네 번째 경우'에는 그것이 음소를 최대로 구별해 주는 위치에서 원음소의 대표음이 된다.

3. 상관

일원 대립 관계에서 서로 마주하고 있는 두 음소는 아주 밀접한 관계를 맺고 있다. 이들 두 음소에 공통적인 것은 같은 체계의 어떤 다른 음소에도 나타나지 않기 때문으로 이 둘은 그 부류에서 유일하다. 대립을 통해서 이 두 음소는 각각에 특별히 고유한 것, 특정한 것과 이들에게 공통적인 것, 이들을 함께 연결시켜주는 것이 분명히 구별된다. 반면에 다원 대립 관계에 있는 두 음소는 분석할 수 없는 단위로 나타난다. 비례 대립을 이루고 있는 음소들에서는 구별 특성이 다른 특성들과 쉽게 분리된다. 그것은 같은 체계의 여러 음소쌍들에서도 구별 특성으로 나타나기 때문이다. 그러므로 이 구별 특성은 모든 다른 특성들과 독립적으로 생각할 수 있으며 쉽게 분리시킬 수 있다.

반면에 고립 대립에 속한 음소들에서는 구별 특성이 그렇게 분명하게 파악되지 않는다. 그 특성이 바로 고유한 음소들의 다른 특성들과 결합해서 단 한 번만 체계에 나타나기 때문이다. 두 음소들 사이에 가능한 모든 논리적 관계 중에서 유무 관계는 음소들이 지닌 특성의 유무가 가장 분명하게 나타나는 관계다. 따라서 유무 대립 속에 있는 음소들의 음운 내용을 분석하기란 가장 쉬운 일이다. 반면에 등치 관계에 있는 음소들의 음운 내용은 분석하는 데 많은 어려움이 있다.

중화 대립의 두 음소는 변별 위치에서도 밀접한 동족 관계를 맺고 있다. 그들 각각은 원음소의 특정한 변이형의 가치를 지니고 있으며, 그 실체는 중화 위치에 나타나는 것으로 증명된다. 이에 반해서 불변적 대립의 음소들은 한 원음소에 속한다는 사실이 분명하지 않다.

일원 비례 유무 중화 대립과 다원 이질 고립 대립을 두 극단으로 생각하면, 모든 다른 유형의 대립들은 이 두 극단점 사이에 놓이게 된다. 어떤 체계에 일원 동질 비례 유무 중화 대립이 더 많을수록 그 체계는 그만큼 더 일관성이 있다. 이에 반해서 논리적으로 등치 고립 다원 이질 대립이 체계를 더 많이 지배할수록 이 체계는 그만큼 더 일관성이 없게 된다. 그러므로 일원 비례 유무 대립을 특별한 표현으로 모든 다른 대립과 구별하는 것이 좋을 것 같다. 음운론 관련 문헌에서는 '상관'이라는 표현을 사용한다.

'상관쌍(paire correlative)'이란 일원 비례 대립 관계이면서 논리적으로 유무 대립관계에 놓여 있는 두 음소를 말한다. '상관 표지(marque de corrélation)'란 일련의 상관쌍들이 유무로 특징지어지는 음운 특성을 뜻한다. 상관이란 같은 상관 표지로 특징지어지는 모든 상관쌍의 총체를 말한다. '짝 있는 음소(phonème apparié)'는 상관쌍의 일부를 이루는 음소다. 이에 반해서 상관쌍의 일부가 되지 않는 음소를 '짝 없는 음소(phonème non apparié)'라고 부른다.

상관 표지에 따라 여러 가지 유형의 상관이 구별된다. 예를 들면 유성 상관(프랑스어의 d-t, b-p, g-k, z-s 등)과 음량 상관(ā-ɑ 등)이 있다.

4. 상관의 묶음

한 음소가 같은 부류의 여러 상관에 참여하고 있을 때, 같은 상관쌍의 일부를 이루고 있는 모든 음소들은 여러 항으로 된 '상관의 묶음(faisceaux de corrélation)'을 이룬다. 이러한 묶음의 구조는 매우 다양해서 참여하고 있는 상관들의 수뿐만 아니라, 그 상호적 관계에 따라서도 달라진다.

가장 빈도가 높은 묶음은 두 개의 밀접한 상관이 형성하고 있는 것이다. 따라서 다음의 두 가지 경우가 가능하다. 각 상관의 두 항이 마찬가지로 다른 상관의 일부를 이루고 있거나 두 상관이 함께 공통적인 하나의 항만을 소유하고 있는 경우다. 첫 번째 경우에는 네 항으로 이루어진 묶음이 생겨나고, 두 번째 경우에는 세 항으로 이루어진 묶음이 된다. 이 두 경우는 산스크리트어와 고대그리스어로 가장 잘 설명될 수 있다. 두 언어에서는 폐쇄음들이 동시에 유성 상관과 기식 상관에 관여하고 있다. 그러나 산스크리트어는 이로부터 네 항으로 이루어진 묶음이 생겨난다.

p-ph	t-th	k-kh	
b-bh	d-dh	g-gh	등

그리고 이에 반하여 그리스어는 세 항으로 이루어진 묶음이 된다.

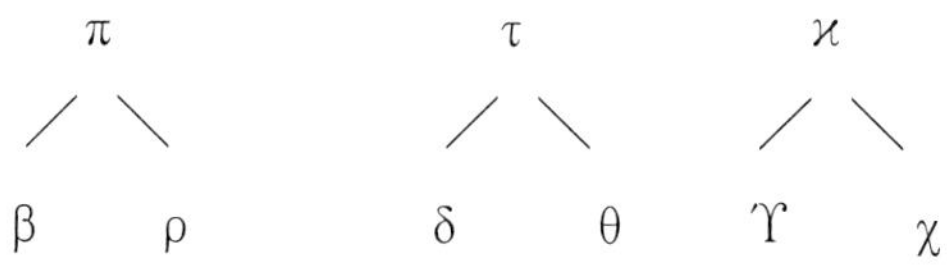

본질상 밀접한 관계를 이루고 있는 세 상관이 연결되어 있을 때, 이론적으로 넷에서 여덟 항으로 이루어진 묶음들이 가능하다. 그리고 실제로 여러 나라 언어의 예로 이러한 유형들이 많다는 것이 증명된다.

만일 한 음소가 동시에 서로 다른 관계군에 속하는 여러 상관에 관여하고 있다면, 이 상관들은 묶음을 형성하지 않는다. 독일어의 강세 장모음 i는 동시에 강세 상관, 음량 상관, 원순 상관에 관여하고 있다. 그러나 첫 번째 두 가지는 한 묶음(운율 상관의 묶음)을 형성하는 반면에 원순 상관(i-ü, e-ö)은 분명히 전혀 다른 차원이 된다. 한국어는 연음, 경음, 기음의 폐쇄음들이 상관의 묶음을 형성하며, 또 폐쇄음까지 포함되는 모든 자음들은 중립항, 구개음항, 원순음항의 음색 묶음을 형성하고 있다. 이 두 상관의 묶음은 둘 모두가 단어 끝에서 중화되어, 원음소인 내파구개음 K로 실현된다.

IV. 변별적 음성 대립의 음운 체계

1. 예비적 지적

우리는 지금까지 여러 다른 관점에서 다양한 종류의 음운 대립을 살펴보았다. a) 음운 대립이 같은 체계의 다른 대립과 가지게 되는 관계, b) 대립항들 사이에 존재하는 논리적 관계, c) 음운 대립의 변별적 기능 범위다. 이러한 관점에서 음운 대립을 다음의 세 가지 방법으로 분류할 수 있다. a) 일원 대립 또는 다원 대립, 비례 대립 또는 고립 대립으로의 분류, b) 유무 대립, 단계 대립 또는 등치 대립으로의 분류, c) 중화 대립 또는 불변 대립으로의 분류다.

음운 대립의 특수성은 이 대립이 변별적 음성의 차이라는 사실에 있다. 음운론적 의미에서 '구별(distinction)', 다시 말해서 의미를 구별해 주는 힘은 더 명확한 분류가 필요하지 않은 그 무엇이다. 그렇지만 음운 대립은 이러한 관점에서 단어를 구별해 주는 대립(어휘 대립)과 문장을 구별해 주는 대립(통사 대립)으로 분류된다. 그러나 음운 대립의 일반 체계에 훨씬 더 중요한 것은 이러한 대립이 음성의 차이라는 사실이다.

2. 변별적 음성 특성의 분류

여러 다양한 언어에서 변별적 대립을 이루고 있는 음성의 특성은 세 부류로 나누어질 수 있다. 즉 모음의 특성, 자음의 특성, 운율의 특성이다. 모음은 변별적 모음의 특성으로, 자음은 변별적 자음의 특성으로 이루어져 있다. 반면에 오직 운율의 특성만으로 이루어진 음소는 존재하지 않는다. 오히려 이 특성은 언어에 따라 특정한 모음이나 특정한 자음, 혹은 일련의 음소 연속체에 결합되어 있다.

그러므로 변별적 음성의 특성들을 분류하기 전에 '모음'과 '자음'의 개념을 먼저 검토해야 한다. 사람이 사용하는 말의 발성 과정은 다음과 같이 설명될 수 있다. 즉 어떤 사람이 울리는 관의 입구에 대고 어떤 때는 관의 구멍을 손으로 막고, 어떤 때는 열면서 휘파람을 불거나 멜로디를 노래하는 것이다. 이러한 방법으로 인지된 음향 효과에서 세 가지 요소를 분명히 구별할 수 있다. 먼저 관 출구의 닫힘과 열림 사이에 포함되는 그대로의 부분, 두 번째로는 같은 구멍의 열림과 닫힘 사이에 포함되는 그대로의 부분,

세 번째로는 관 속에 휘파람이나 노래로 불러서 넣은 멜로디 그 자체의 부분이다. 첫 번째 유형은 자음, 두 번째 유형은 모음, 세 번째 유형은 운율 단위에 해당된다.

이러한 고찰로부터 자음적 특성은 서로 다른 유형의 장애나 특별한 장애 극복법으로 지칭될 수 있다. 반면에 모음적 특성은 서로 다른 유형의 장애 부재, 즉 실제로 서로 다른 개구도와 관계된다. 따라서 모음의 특성은 간극도의 특성으로 지칭될 수 있다.

이와 같은 자음적 특성과 모음적 특성 외에, 자음과 모음은 또 다른 어떤 특성을 지닐 수 있다. 위에서 언급한 발성 도식 과정에서 관의 길이가 끊임없이 변화되거나 관의 구멍이 계속해서 바뀐다고 가정하자. 그렇게 되면 자음의 서로 다른 유형의 장애(또는 장애 극복)와 모음의 서로 다른 간극도가 여러 다양한 장소에서 실현되어야 한다.

일부 모음과 자음에는 또 세 번째로 대등한 특성이 있다. 발성 도식에서 우리의 관이 또 다른 빈 강과 연결되어 있어서, 발성하는 동안 때로는 그 강과의 소통이 이루어지거나 때로는 중단된다고 가정하자. 이것은 당연히 만들어진 소리에 영향을 미칠 것이다. 부수적인 공명기를 덧붙이거나 생략해서 만들어지는 여러 가지 다른 음향적 특성들은 '공명성(particularité de résonance)'이라는 이름으로 지칭될 수 있다.

우리의 발성 도식에서 운율 단위는 리듬과 멜로디에 관한 [가장 넓은 의미의 용어로는 음악적인] 단위라는 결론이 나온다. 순수하게 음성학적인 관점에서조차도 '음절'이란 원칙적으로 모음과 자음의 결합과는 전혀 다른 것이다. 음운론적 운율 단위는 단순하게 음성학적 의미의 '음절'과 일치하지 않는다. 그러나 그것은 언어에 따라서 음절의 특정한 일부분 또는 일련의 음절 전체가 되기 때문에, 음절과 항상 어떤 관계를 가지고 있다. 운율 특성은 인간 언어의 발성 과정에서 멜로디의 각 부분이 지니고 있는 특정한 표지(강도, 음악적 높이)나 멜로디의 분할법에 관계된다.

3. 모음의 특성

1) 용어

모음의 특성은 간극도, 조음 부위, 그리고 공명성으로 나뉜다. 앞의 두 종류의 특성들은 공명성보다 훨씬 더 서로 밀접하게 연결되어 있어서 두 특성을 하나의 특수한 군 또는 묶음으로 모을 수 있다.

단 하나의 모음만이 있는 언어는 이 세상에 존재하지 않는 것 같다. 만일 '모음 하나로 된' 언어가 존재했다면, 이 언어에는 자음 연쇄가 많이 포함되어 있었을 것이다. 자음 연쇄가 없이 '모음 하나로 된' 언어는 음운론적 관점에서 모음이 없는 것과 마찬가지다. 우리가 알고 있는 언어들에는 항상 몇 개의 모음 음소가 있으며, 이것이 특정한 모음 체계를 형성한다. 간극도(또는 유성 충만도)와 조음 부위(또는 고유 음색)만을 고려한다면, 다음과 같이 모음 체계의 세 가지 기본 유형을 세울 수 있다. a) 선적 체계에서는 모음들이 특정한 간극도를 지니고 있지만, 어떠한 조음 부위 특성(또는 고유 음색)도 음운론적으로 중요하지 않다. b) 사각형 체계에서는 모든 모음들이 간극도의 변별적 특성뿐만 아니라 조음 부위의 변별적 특성도 가지고 있다. c) 삼각형의 체계에서는 모든 모음들이 간극도의 특성을 가지고 있는 반면에 조음 부위의 변별적 특성은 가장 열린 모음을 제외하고 모든 모음들 속에 있으므로 최대 간극 모음은 조음 부위의 대립 밖에 놓이게 된다.

2) 조음 부위(또는 고유 음색)의 특성

모음의 이러한 특성이 주위의 음성 환경에 따라 자동적으로 결정되기 때문에 전혀 변별력을 지니고 있지 않은 언어도 있다. 세 모음을 구별하는 아디게어(adyghé)[2)]가 바로 그러하다. 가장 닫힌 'ə'는 원순후음과 인접해 있을 때 u로 실현되고, 두 양순음 사이 원순치찰음 뒤에서 ü, 비원순 후방 연구개음 뒤에서는 ɯ, 경구개음 뒤에서는 i, 그 밖의 다른 위치에서는 e나 불확정 개모음 ë로 실현된다. 중간으로 열린 모음 'e'는 원순연구개음 뒤에서 o로, 원순치찰음 뒤와 양순음 사이에서 ö로 후두음과 비원순 후방 연구개음 뒤에서 a로, 그리고 그 이외의 다른 위치에서는 불확정 개모음 ë로 실현된다. 끝으로 가장 열린 'a'는 두 양순음 사이에서 가볍게 원순음화되며, 두 경구개음 사이에서 ä로 되지만, 일반적으로는 장모음 ā로 실현된다.

그러나 대부분의 언어에서 모음의 조음 부위 특성은 변별력을 지니고 있다. 삼각형 체계와 사각형 체계의 차이점은 다만 첫 번째 체계에는 조음 부위의 변별적 대립이 최대 간극도가 아닌 모음에만 존재하고 있는 반면에, 두 번째 체계에서는 그 대립이 모든 간극도의 모음에 나타나고 있다. 정확하게 말하면 조음 부위의 대립은 원순모음과 비원순모음의 대립(입술 참여도 대립), 후설모음과 전

2) 아디게어 : 쿠반 강과 라바 강에 접해 있으며 북캅카스의 서쪽에 위치해 있는 러시아 연방의 공화국인 아디게야 공화국에서 사용하는 언어.

설모음의 대립(혀의 위치 대립) 두 가지뿐이다. 그러나 이러한 대립은 독립적인 상태나 결합된 상태에서 변별력으로 나타날 수 있다. 이로부터 다양한 조음 부위(또는 고유음색) 부류가 생겨난다. 원순모음, 비원순모음, 전설모음, 후설모음, 전설원순모음, 후설원순모음, 전설 비원순모음, 후설 비원순모음의 여덟 가지 부류의 조음 부위를 생각할 수 있다. 같은 체계 안에서는 최대로 네 부류의 음색이 존재할 수 있다. 따라서 삼각형 체계와 사각형 체계는 두 부류, 세 부류, 네 부류의 체계로 더 나뉠 수 있다.

두 부류로 된 체계에서는 다음과 같은 세 가지 가능성을 보여준다. 혀의 위치 대립만이 유일하게 변별력을 가지거나 입술의 형태 대립이 그렇거나, 이 두 대립이 서로 결합하는 경우다. 첫 번째 경우에 전설모음은 후설모음에 대립되고, 입술 형태는 음운론적으로 비관여적이다. 두 번째 경우에 원순모음은 비원순모음에 대립되고 혀의 위치는 음운론적으로 비관여적이다. 끝으로 세 번째 경우에는 후설원순모음과 전설 비원순모음 사이가 변별적 대립이 된다. 모음의 조음 부위 특성들은 분석될 수 없기 때문에 엄밀하게 후설원순모음과 전설 비원순모음이라고 할 수 없으며, 다만 밝은 모음과 어두운 모음이라고 말할 수 있다. 분명히 첫 번째와 두 번째 경우에는 유무 대립이고,

세 번째 경우에는 등치 대립이 성립한다.

두 부류로 된 사각형 체계에서는 첫 번째와 두 번째 경우, 다시 말해서 혀의 위치 상관이나 입술의 형태 상관이 순수한 형태로 나타난다. 여기에서는 모두가 최대 간극을 가진 두 모음이 생성되는 방법에 달려 있다. 만일 두 모음이 모두 비원순모음이라면, 그중의 하나는 후설모음이어야 하며 다른 하나는 전설모음이어야 한다. 이것으로 혀의 위치 대립은 같은 체계의 다른 모음 쌍에서도 마찬가지로 일원 비례 대립이 된다. 이에 반해서 최대 간극의 '어두운' 모음이 전설모음이고, 그것과 짝을 이루는 모음이 비전설 비원순모음이라면, 이 모음 쌍에는 오직 입술 형태만이 음운론적으로 변별적이 된다. 따라서 같은 체계의 모든 다른 모음에서도 변별적 가치를 지니는 것은 오로지 입술 형태 대립뿐이다. 반면에 비원순모음의 전설성은 중요하지 않은 부차적 현상으로 작용할 뿐이다. 최대간극의 모음쌍이 후설 원순모음과 전설 비원순모음으로 나타나는 두 부류로 된 사각형 체계는 매우 드물다.

두 부류의 조음 부위 사이에 존재하고 있는 논리적 등치 대립 관계는 사각형 체계에서는 매우 드물지만, 두 부류로 된 삼각형 체계에서는 지배적으로 많다. 여기에서 ('어두운') 후설원순모음은 등치 대립항 또는 '극단' 대립항으로 전설 비원순모음에 대립된다. 이 대립 밖에 놓여 있는 최대 간극 모음 ɑ는 후설 비원순모음으로 이 체계 다른 음소들의 두 부류 조음 부위 중 어느 것에도 속하지 않는다. 이에 대한 전형적인 예로 잘 알려진 라틴어의 모음 체계를 들 수 있다.

ɑ

o e

u i

이와 비슷한 (흔히는 간극도의 수만 다른) 삼각형 체계가 이 세계 모든 지역의 가장 다양한 언어 속에 나타나고 있다. 두 부류로 된 삼각형 체계에서는 입술 형태 상관이나 혀의 위치 상관만이 변별적이 되어 두 부류 조음 부위 사이의 관계가 논리적 유무 관계인 경우는 아주 드물다.

혀의 위치 상관만이 변별적인 두 부류로 된 삼각형 체계는 일본어 모음 체계를 예로 들 수 있다. 이 체계에서는 자음의 습음성 상관 [습음 자음과 비습음 자음의 대립]이 전설모음 e, i 앞에서 중화되는 반면에 후설모음 u, o, ɑ 앞에서는 그대로 습음성이 유지된다. 이 사실로 e, i는 다른 모음들에 대립되어 모든 모음들은 전설모음과 후설모음으로 나뉘는 반면에, 입술 형태는 모음을 분류하는 데 관여적이지 않다.

세 부류로 된 모음 체계는 '극단에' 위치한 두 부류 외에 '중간' 부류를 포함하고 있어서 음성학적으로 비원순후설(또는 중설)모음으로 실현되거나 원순전설(또는 중설)모음으로 실현된다. 대개의 경우 중간에 위치한 부류는 원순전설모음으로 나타난다. 중간에 위치한 부류와 극단의 부류와의 관계는 모든 언어에서 같지 않다.

세 부류로 된 모음 체계에서 전설원순모음으로 구성된 중간에 위치한 부류는 언어에 따라 극단에 위치한 어느 한 쪽의 부류와 밀접한 관계를 가질 수도 있다. 이 밀접한 관계는 주로 문제의 대립을 중화시킬 수 있는 가능성 속에 나타난다.

네 부류로 된 모음 체계는 세 부류로 된 체계보다 훨씬 더 드물게 나타나고 있다. 그 예로서 터키어족의 언어들에 존재하고 있는 다음과 같은 모음 체계를 인용할 수 있다.

o	ɑ	ö	ä
u	ɯ	ü	i

소위 '모음조화(harmonie vocalique)'를 반드시 지키

고 있는 터키어족의 언어들에서는 위와 같은 모음 체계는 단어의 첫음절에서만 그대로, 즉 완전한 음운 가치를 지니고 존재한다. 반면에 그 밖의 모든 다른 음절에서는 조음 부위의 대립이 중화되어, 모음의 조음 부위 특성은 앞 음절의 모음에 따라 실현이 조정된다.

3) 간극도(또는 음성 충만도)의 특성

위에서는 모음 체계의 항들에 간극도 특성만이 있고 조음 부위(고유 음색) 특성은 전혀 없는 소위 '선적(linéaire)' 체계에 대해 살펴보았다. 이제 이와 반대로 체계의 항들에 조음 부위 특성만이 있고 간극도 특성은 전혀 없는 체계가 존재할 수 있는지 생각해 볼 수 있다.

그러나 간극도의 변별적 대립이 없는 모음 체계는 존재하지 않는다. 물론 이것은 체계 전체에만 유효하며, '부분 체계', 즉 어떤 언어에서 특정한 음성 위치만 해당되는 체계에서는 간극도의 대립이 배제될 수도 있다,

그러므로 모든 언어는 간극도 대립이 있는 모음 체계를 지니고 있다. 어떤 모음 체계 내부에서 같은 조음 부위 특성을 지니고 있는 모든 음소들은 한 '조음 부위 부류'를 형성하는 것과 마찬가지로 그 체계 내부에서 같은 간극도(또는 음성 충만도)를 지닌 모든 모음들은 한 단계 '간극도

(또는 음성 충만도)'를 구성하고 있다. 따라서 모음 체계들은 '한 부류(또는 '선적 부류')', '두 부류', '세 부류', '네 부류'뿐만 아니라 '두 단계', '세 단계', '네 단계' 등으로 구성된 체계로 나뉠 수 있다.

두 단계로 이루어진 모음 체계에서 간극도의 대립은 분명히 모두 '개모음－비개모음', 또는 '폐모음－비폐모음'의 논리적 유무 대립으로 볼 수 있다. 그러나 우리가 아는 한에서 간극도 대립은 절대로 중화될 수 없으므로 이 대립은 어디에서도 실제로 유무 대립이 될 수 없다.

대다수의 언어들은 세 단계로 된 모음 체계를 나타낸다. 다음과 같이 두 부류, 세 단계로 된 체계는 전 세계 많은 언어 속에 실현은 다르게 나타나 있다.

		ɑ		
	o		e	
u				i

유럽의 현대 그리스어, 세르보-크로아티아어, 체코어, 폴란드어 문어와 아시아의 일본어와 타밀어[3]가 이에 속

---

3) 타밀어 : 드라비다 어족에 속하는 고전 언어.

한다. 그러나 세 부류와 세 단계로 된 삼각형 체계도 역시 드물지 않다. 세 단계로 이루어진 모음 체계에서 서로 다른 간극도는 모두 단계 대립 관계에 있다. 이러한 체계 내부에서 음성 대립이 중화될 가능성은 단계 대립 중화에 유효한 규칙을 따르므로, 원음소의 실현이 대립의 극단항이 되거나 또는 그 선택이 외적으로 조건 지어진다.

네 단계로 이루어진 체계는 세 단계로 이루어진 체계보다 수가 현저하게 드물다. 그렇지만 이러한 체계는 세계의 다양한 지역에서 상당히 많은 수의 언어들 속에 나타난다. 다음과 같은 이탈리아어의 삼각형 체계를 예로 들 수 있다.

ɑ

ɔ ɛ

o e

u i

네 단계로 이루어진 모음 체계는 이미 앞에서 이야기한 것처럼 세 단계로 이루어진 체계보다 그 수가 훨씬 더 드물다. 다섯 단계로 이루어진 체계는 아주 특수하게 드문 것으로 볼 수 있다. 유럽에서는 스위스 글라리스(Glaris) 지방[4]

에서 사용하는 케렌즈(Kerenz) 방언이 이러한 체계다.

세계 여러 지역의 많은 언어들에 불확정 모음이 있으며, 이것은 강세 음절과 비강세 음절에서 마찬가지로 나타나고 장모음이거나 단모음이다. 남부 표준어로 영어 단어 bird(새)의 모음은 불확정 장모음이다. 그러나 많은 언어들이 여러 간극의 대립과 조음 부위의 대립이 중화되는 음성 위치의 부분 체계에서만 불확정 모음을 나타내 보인다.

따라서 불확정 모음은 특정한 조음 부위의 중간 부류를 실현하고 있는 유일한 음소로 볼 수 없으며 조음 부위 부류 밖에 놓여 있는 모음으로 보아야 한다. 그렇지만 이 불확정 모음은 똑같이 조음 부위 부류 밖에 있으면서 삼각형 체계를 특징짓는 최대 간극 모음과 특별한 관계를 맺을 수 있다. 어떤 상황에서는 '불확정(indéterminée)' 모음이 'a'와 일원 대립 관계를 취하면서 삼각형 체계의 '확정(déterminée)' 모음이 될 수 있다. 이러한 경우가 불가리아어에 존재한다. 불가리아어의 모음 체계는 세 부류로 된 삼각형 체계가 될 것이며 이 체계에서 조음 부위의 중간 부류는 중립적 특성과 항들의 간극도가 높아지는 것으로 특

---

4) 글라리스 지방 : 알프스 산맥에서 린트(Linth) 강 왼쪽에 위치한 지역.

징지어질 것이다. 모음 체계에서 단음소적 가치를 지닌 이중모음의 위상에 관한 어려운 문제가 또한 간극도 특성에 대한 연구와 가장 밀접하게 연결되어 있다.

4) 공명성의 특성

모음에서 조음 부위 특성과 간극도 특성은 서로 너무 밀접하게 연결되어 있어서 일종의 '묶음'을 형성하고 있는 반면에, 공명성의 특성은 전혀 다른 차원에 속한다. 어떤 종류이건 '순수(pure)' 모음과 '혼탁(trouble)' 모음 사이의 모든 변별적 대립이 '공명 대립(opposition de résonance)'에 해당된다.

가장 잘 발달되어 있는 것은 비음 상관이다. 많은 언어에서 비음 상관은 모든 모음에 나타난다. 게다가 비모음이 혀, 입술, 턱의 위치에서 대응되는 구강모음과 완전히 같을 필요는 없다. 중요한 것은 이 두 유형의 모음들이 체계 내에서 같은 위치를 차지하고 있다는 점이다. 예를 들면 미얀마어에서 두 번째와 세 번째 간극도를 지닌 비음화된 장모음은 이중모음으로 발음되는 데 비해, 이에 대응되는 구강모음들은 단모음으로 실현된다.

따라서 비모음들의 수는 구강모음들의 수보다 절대로 더 많을 수 없다. 어떤 언어에는 단 하나의 '비모음'만이 포함되어 있는 경우도 있다. 비음 상관은 가장 널리 퍼져 있지만, 결코 유일한 공명 상관이 아니다. 혼탁 상관도 비음 상관과 마찬가지로 모음 체계 전체에 나타나거나, 체계의 특정한 일부분에만 나타난다.

모든 유형의 '공명 대립'에서 단음소적 평가나 혹은 다음소적 평가에 관한 규칙은 특히 엄격하게 지켜져야 한다. 음성학적으로 비음화된 모음들은 대개 '모음+비음'의 음소 연쇄가 실현된 것에 지나지 않으며, 후두마찰 잡음을 동반하고 있는 모음들은 모음과 후두자음이 결합된 음소 연쇄에 지나지 않기 때문이다.

4. 자음의 특성

1) 조음 부위의 특성

자음들의 조음 부위상 특성이 음운론적으로 비관여적인 언어는 존재하지 않는다. 물론 많은 언어에 음운론적으로 관여적인 조음 부위상 특성이 없는 자음들이 있지만, 이 자음들은 항상 체계에서 약간은 별도의 자리를 차지하고 있다. 그것은 바로 이들이 '규범(norme)'으로부터 벗어나 있기 때문이다. 어떤 언어에서 많은 자음들이 조음 부위의 특성상 서로 같을 수 있으며 장애 극복이나 공명 방법으로만 서로 구별될 수 있다. '조음 부위의 계열(série de localisation)'이란 같은 조음 부위의 변별적 특성을 지닌 모든 자음을 뜻하며, 이러한 계열은 여러 개의 자음들 또는 단 하나의 자음으로 구성될 수 있다. 자음 체계 내부에서 조음 부위의 다양한 부류들은 서로 다른 대립 관계에 놓이게 된다.

a) 기본 계열

'기본 계열(série fondamentale)'이란 서로 다원 이질 대립 관계에 놓여 있는 조음 부위 계열을 가리킨다. 일부 기본 계열은 세계의 거의 모든 언어들에 나타난다. 그것은 후음('설배음'), 설단음('치음')과 순음들이다. 설단음이 없는 언어는 전혀 알려져 있지 않다. 후음은 카랭시(Carinthie) 지방[5]의 일부 슬로베니아 방언들 속에는 없으며, 순음은 틀링깃어[6]에 없지만, 이것은 아주 드문 경우에 속한다. 일반적으로 위에서 언급한 조음 부위의 세 계열

5) 카랭시 지방 : 오스트리아 공화국에 있는 알프스 주로 가장 높은 산(Grossglockner)이 위치해 있다.

6) 틀링깃어 : 알래스카 남동부에 살았던 인디언 부족인 틀링깃(Tlingit)족의 언어.

은 세계의 모든 언어 속에 나타난다.

발성 기관의 이 세 위치는 가장 '자연스러운 것(naturelle)'으로 볼 수 있다. 그렇다고 해서 이들 위치가 '선천적(innée)'이라는 뜻은 전혀 아니다. 어린이들은 많은 노력을 기울여야 기관의 이러한 위치를 배우게 되며, 그들이 떠듬거리며 자발적으로 내는 소리는 일반적으로 순음, 설단음, 후음과 전혀 비슷하지도 않다. 즉 이 자음들은 아주 개별적이며 분명히 서로 다른 소리를 내는 일을 구강의 움직이는 부분을 이용하여 가장 단순하고 가장 자연스러운 방법으로 해결한다는 점에서 자연스럽다. 이러한 점에서 이 세 유형들의 보편적 확산 현상이 설명될 수 있다. 치찰음도 순음, 설단음, 후음과 마찬가지로 보편적으로 확산되어 있다. 저자가 알기로는 완전히 s가 없는 유일한 언어는 이집트의 수단 지방 동부 누바어(nouba)다. '조음 부위의 계열'이라는 음운론적 개념은 '조음점(point d'articulation)'이라는 음성학적 개념과 혼동되어서는 안 된다.

b) 등치 유사 계열(séries apparentées et équipollentes)

위에서 인용한 각각의 기본 계열은 다른 계열에 대해

다원 대립 관계에 놓여 있다. 그러나 어떤 언어에서는 이 기본 계열 중의 어느 한 자리에 일원 등치 대립(bilatérale équipollente) 관계에 놓인 두 계열이 나타난다. 아랫입술의 참여로 특징지어지는 단 하나의 순음 계열 대신에 양순음 계열과 순치음 계열이 나타날 수 있으며, 이 둘은 모두가 순음이지만 동시에 서로가 구별된다. 이것은 예를 들어 양순음 계열은 b, p, m으로 나타나고 순치음 계열은 w, f, pf로 나타나는 문학 독일어의 경우다.

단 하나의 치찰음 계열 대신에 s 계열 하나와 또 š 계열 하나가 나타날 수도 있다. 유럽어 가운데는 이렇게 치찰음 계열이 분리되어 있는 것이 널리 퍼져 있다. 영어, 프랑스어, 독일어, 이탈리아어, 헝가리어, 알바니아어. 루마니아어와 모든 슬라브어족, 리투아니아어, 레통어(letton)[7]들이 이 경우에 속한다. 끝으로 후두음 계열은 모든 구강기관이 수동적인 태도를 취하는 것으로 특징지어지며, 두 계열로 대립될 수 있다. 즉 하나는 순수한 성문음 또는 정확하게 후두음이고, 다른 하나는 인두음이다.

경구개 계열은 일부 체계에서 설단음 계열, 또는 설배

7) 레통어 : 라트라비아 공화국의 공식 언어로 동부 발트 어군에 속하는 언어.

음 계열에 대해 일원 대립 관계에 있으므로, '혀끝이 아래로 향하는 설단음 계열(série apicale)'로 보거나 '전부 설배음 계열(série prédorsale)'로 보아야 한다. 어떤 대립의 일원적 특성은 객관적으로 그 대립이 중화될 수 있다는 사실로 증명된다. 치음과 경구개음 사이의 대립이 중화될 수 있는 체코어, 슬로바키아어, 헝가리어와 세르보-크로아티아어는 이 두 계열의 음소들이 설배음 계열에서 분리된 것으로 보아야 한다. 그러므로 문제가 되었던 모든 경우에서 기본 계열이 유사한 두 계열로 분리되는 것이다. 이 두 계열은 서로 일원 대립 관계에 있지만, 같은 체계의 조음 부위상의 모든 다른 계열에 대해서는 다원 대립 관계에 있다. 그렇지만 체계 전체의 문맥이 필요로 하는 경우에만 기본 계열이 이렇게 분리될 수 있다는 것을 주의해야 한다.

기본 계열은 어떠한 원칙에 따라 유사 계열로 분리되는가? 두 유사 계열을 구분하는 데 어느 경우에나 사용되는 어떤 조음 표지나 음향 표지가 있을까? 또는 각 쌍의 유사 계열마다 특별한 구분 표지가 존재할까? 서로 다른 계열에 분포되어 있는 구별의 두 음향 표지가 작용하고 있는 것 같다. 야콥손의 분류에 의하면 많은 계열에는 '날카로운 소리 계열(série à strident)'과 '무딘 소리 계열(série à son mat)'의 대립이 있다. 이러한 대립은 마찰음에서 특히 분명하게 나타나며, 날카로운 마찰음은 그에 대응되는 무딘 마찰음보다 동시에 더 잘 들린다. 그렇지만 기본 계열의 두 유사 계열로의 분리가 이 원칙으로 설명될 수 없다.

순음, 설단음, 설배음, 치찰음, 후두음, 설측음, 경구개음과 순-연구개음들 사이의 관계는 이질적 다원 대립 관계다. 이 기본 계열들이 분리되면 순치음-양순음, 후부설배음－전부설배음 등과 같이 일원 대립을 형성하는 두 계열이 생겨난다. 그러나 하나의 기본 계열이 두 계열로 나뉘지 않고 세 계열로 나뉘는 경우에는, 서로 단계 대립 관계에 놓이게 된다. 이러한 경우는 극히 드물다.

c) 부차적 작업 계열

끝으로 많은 언어에서 기본 계열 또는 유사 계열들은 서로 유무 대립 관계에 놓여 있는 두 계열로 나뉜다. 그리고 이 대립 관계가 유무적일 뿐만 아니라 비례적이기도 하면 상관이 생겨난다. 조음상으로는 항상 조음 부위의 무표 계열이 기본 계열 혹은 유사 계열에 대해 정상적 조음 기관의 위치를 나타낸다. 반면에 유표 계열은 주요 작업에 즉각 참여하지 않는 조음 기관 또는 일부 기관에 의해서 행해지는 특별한 부차 작업을 이 기관의 위치에 결부시킨다. 그 음향적 결과는 특별한 음색, 즉 일종의 모음 음색을 띠거나 흡착 잡음이 된다. 따라서 부차 작업이 뒤따르는 계열과 순수 기본 계열 또는 유사 계열과의 대립에서 생기는 상관은 '음색 상관'과 '흡착 상관'으로 분류될 수 있다.

(1) 자음의 음색 상관에서는 조음 부위상의 기본 또는 유사 계열과, 대립을 이루고 있는 두 '음영(coloration)' 계열을 음향적 관점에서 결합시켜 보는 것이며, 이들 중 한 계열은 '중립(neutre)', 즉 무표 계열로 볼 수 있다. 상관의 표지로 사용되는 음영에 따라서 음색의 다양한 유형의 상관이 구별될 것이다.

가장 널리 퍼져 있는 것은 습음 상관으로, 중립 음영 자음(consonne de coloration neutre)과 i(또는 y)의 음영 자음 대립이다. 자음 체계에서 습음 상관의 영역은 어느 언어에서나 같지 않지만 그 원칙은 모두 같다. 즉 습음 자음은 i 또는 y의 음색과 비슷하며, 이 음색은 습음 자음의 다른 음성 특성과 결합되어 있다. 반면에 이에 대응되는 비습음 자음은 i나 y의 음색을 띠지 않는다.

더욱이 습음 자음과 비습음 자음의 대립은 인접한 모음이 실현되는 데 크게 영향을 미쳐서 외국 관찰자는 때로 자음의 음색 차이를 인지하지 못하고 모음의 결합변이음만을 식별한다. 이것이 바로 청각적 환상으로 우리가 자음의 다른 음색 상관을 관찰할 때에도 흔히 나타난다.

순음 상관 또는 원순 상관에서 문제는 훨씬 더 간단하고 분명하게 나타난다.

여러 다른 음색 상관은 쉽게 묶음으로 결합된다. 우리가 알고 있는 것은 습음 상관과 원순 상관이 결합된 결과로 생긴 묶음뿐이다.

(2) 아프리카 언어의 흡착음에서 음운론자에게 제기되는 문제는 다음과 같다. 흡착 음소와 비흡착 음소들 사이의 대립은 이들 언어에서 조음 부위상의 대립인가 또는 조음법의 대립인가? 흡착음의 생리적 본질을 연구했던 음성학자들은 이 소리들의 특성을 조음법의 특성으로 파악하고 다루었다. 그들은 이 소리의 '혀를 차는(또는 빨아들이는 듯한)' 조음법을 어떤 언어의 자음 체계를 고려하지 않은 채 일반적으로 내파, 흡기, 방출 등의 다른 조음법과 비교한다. 이에 반해서 음운론자는 여러 다른 언어들의 음운 체계에 나타나는 흡착 음소들의 위치를 고려해야 한다.

그러나 가장 최근의 음성학적 연구로 흡착음은 항상

혀의 독특한 모양이 필요하다는 사실이 증명되었다. 입술이나 혀의 앞부분에 의해서 이루어지고, 순음, 치음, 권설음, 경구개음, 설측음 유형의 흡착음들을 만들어내는 기본 폐쇄 이외에, 각 흡착음은 또 '부수적 폐쇄'라고 부르는 두 번째 폐쇄를 나타내고 있는데, 이것은 항상 연구개에서 일어난다. 즉 다시 말하면 혀 등의 뒷부분을 연구개 쪽으로 향해서 들어 올림으로써 이루어진다. 흡착음에서 중요한 것은 두 장소에서 폐쇄가 이루어지는 것으로, 하나는 반드시 연구개에서 이루어져야만 하고, 두 번째는 구강 앞부분의 어느 장소에서나 가능하다. 두 폐쇄가 일어나는 장소 사이에 포함된 공간의 공기는 빨아들이는 움직임에 의하여 희박해진다. 앞부분의 폐쇄가 이완되었을 때 외부의 공기는 공기가 없는 이 중간의 공간으로 빨려 들어오지만, 바로 이 순간에 뒷부분의 폐쇄, 즉 연구개 폐쇄도 마찬가지로 이완된다.

음성학적 관점에서 볼 때 흡착음의 모든 특성은 마찬가지로 중요하다. 그러나 음운론적 관점에서는 입술 폐쇄, 설단 폐쇄, 경구개 폐쇄 등 이외에 또 다른 연구개 폐쇄가 일어나는 것과 이것으로 혀의 형태 [따라서 공명하는 구강 전체의 형태]에서 특정한 변화가 생기는 것이 가장 중요한 것이다. 이 사실은 흡착음 조음과 비흡착음 조음의 차이를 조음 부위상의 대립으로 다룰 수 있게 하며, 더 정확하게 말하면 주요 작업을 필요로 하는 계열과 부차 작업을 필요로 하는 계열의 대립을 가능하게 한다. 이 대립이 논리적 유무 대립이고 또 같은 체계에서 조음 부위상의 몇몇 계열에 나타나기 때문에, 이 대립을 '흡착 상관'으로 부를 수 있다.

d) 조음 부위 계열 밖의 자음 음소들

많은 언어에, 어쩌면 대부분의 언어들에 조음 부위 계열 밖에 있는, 또는 적어도 비상관적인 조음 부위 계열 밖에 있는 자음들이 존재한다. 대부분의 경우에는 '유음'과 'h'가 이러한 음소들이다. 그렇지만 이렇게 일반적으로 단언할 수 없다. 때로는 유음과 h가 조음 부위 계열 속에 포함되어 있는 경우도 있기 때문이다.

이 세계 대부분의 언어들은 두 개의 유음만을 가지고 있다. 이들이 조음 부위상의 부류에 포함되는 일은 아주 드물어서, 일반적으로는 그 부류 밖에 놓이게 된다. 두 개의 유음은 일원 대립을 형성하며, 이것은 논리적 유무 대립으로 볼 수 있다. r-l의 관계는 '굴림소리－안 굴림소리'로 또는 '설측음－비설측음'의 관계로 볼 수 있다. 그러나 어떤 언어에서 r-l의 대립이 중화될 수 없으면, 이 대립은 다만 논리적 유무 대립이 된다. 사실 음운론적 관점에서 설측조음은 그것이 여러 음소들에 공통적일 때 한해서만 조음 부위상의 특성으로 볼 수 있다. 그러나 설측음 음소가 단 하나만 존재하고, 또 이 음소가 조음 부위상 계열 밖에 있는 r과 일원 대립 관계에 있는 언어들에서는 혀의 한 쪽과 구강의 양쪽 벽 사이의 간격으로 내쉬는 공기가 마찰 없이 자유롭게 흘러나가는 설측조음의 특수한 장애 극복법으로 보아야 한다.

많은 언어에서 h는 '일반적으로 불확정 자음'이지만 어떤 언어에서는 조음 부위상 특정한 계열에 속해 있다. 즉 '후음 계열[이 경우에는 다만 혀끝과 입술이 참여하지 않는 것으로 특징지어진다]'에 속하거나 또는 특별한 후두음 계열에 속한다. 후자의 경우는 특히 같은 체계에 h와 일원 대립 관계에 있는 후두파열음(성문 폐쇄음)이 포함되어 있을 때 나타난다.

2) 장애 극복법의 특성

a) 장애의 단계와 제1단계 장애 극복법 상관

자음을 폐쇄음, 마찰음, 명음으로 보통 분류하는 것은 장애의 단계를 기준으로 한 분류다. 장애의 가장 높은 단계는 폐쇄음에 있고, 중간 단계는 마찰음, 가장 약한 단계는 명음에 있다. 폐쇄음은 순간음인 반면에 마찰음과 명음은 지속음이다. 다른 한편으로 폐쇄음과 마찰음은 명음에 대하여 장애음으로 부를 수 있다. 장애의 세 단계 사이에 다음과 같은 다섯 종류의 일원 대립이 있다. a) 명음－장애음, b) 순간음－지속음 c) 폐쇄음－마찰음 d) 마찰음－명음 e) 폐쇄음－명음이다. 이 다섯 개의 대립은 모두가 논리적 유무 대립이며 이들 대립이 어떤 체계에서 비례적이면 [즉 조음 부위상의 여러 계열들에 나타나면] 이들 대립은 각각 제1단계 장애 극복법 상관이라 부를 수 있는 독특한 상관을 만들어낸다.

명음 상관 즉, 명음과 장애음 사이의 일원 비례 대립은 폐쇄음과 마찰음 사이의 대립이 음운론적으로 중요하지 않은 언어들에서만 가능하다.

대부분의 경우 명음들은 완전히 조음 부위상 계열 밖에 놓여서 그 자체로서 하나의 부류를 이룬다. 명음들 사이에는 일원 대립 관계가 성립하는 반면에 다른 모든 음소들과는 다원 대립 관계에 있기 때문이다. 순간음과 지속음 사이의 일원 대립은 마찰음과 명음 사이의 대립이 음운론적 가치가 없다는 것을 전제로 한다. 적어도 지금까지 이 원칙에 따라 구성된 자음 체계는 단 하나도 우리에게 알려져 있지 않다.

요컨대 명음 상관과 순간음 상관은 아주 드문 현상이다. 세 장애 단계(폐쇄음, 마찰음, 명음)가 서로 짝을 이루어 대립되는 경우가 더 많으나, 이러한 대립은 대부분 일부 자음 체계만을 포함하게 된다.

동시에 조음 부위상의 여러 계열에 나타나는 폐쇄음과 마찰음 사이의 대립을 접근 상관 또는 폐쇄 상관이라고 부른다. 독일어에서는 이 상관이 설배음 계열, 순치음 계열, s 유형의 치찰음 계열에 있다. 영어에서는 폐쇄음과 마찰음 사이의 대립이 순음들에만 나타나는 것이 분명하다. 그러나 영어의 설단음과 순음에서는 상황이 그렇게 분명하지 않다. 영어의 t와 d는 혀끝의 위치를 상당히 높게 해서 조음되며, 첫머리의 t는 강한 기식음을 동반하여 파찰음처럼 되어 š 유형의 과도음으로 들릴 수 있다. 이와는 반대로 영어의 설단 평음 마찰음인 θ, δ는 혀끝의 위치를 상당히 낮게 해서 '치간음'으로 실현된다. 접근 상관은 비록 조음 부위상의 모든 계열에는 드물게 나타나지만, 전 세계의 언어에 가장 많이 분포되어 있는 상관들 중 하나라고 할 수 있다.

반면에 명음과 마찰음 사이의 일원 대립 관계는 상당히 드문 음운론적 현상이다. 이 대립은 어떤 언어에서도 조음 부위상의 여러 계열을 포함하는 상관의 형태를 취하는 것처럼 보이지 않는다. 명음과 폐쇄음 사이의 대립은 무엇보다도 마찰음이 없는 언어들에 상관으로 존재하고 있다. 그러나 명음과 폐쇄음 사이의 일원 대립은 역시 다른 언어에도 존재한다. 폐쇄음과 명음은 음향적 관점에서 뿐만 아니라 조음적 관점에서도 최대로 조음 유형이 다르기 때문에, 이 상관은 (자음의) '대비 상관(corrélation de contraste)'이라고 부를 수 있다. 위에서 인용한 모든 경우에서 폐쇄음과 명음의 음성학적 중간 단계, 즉 유성음 또는 연음의 마찰음이 없다는 것을 지적해야 한다.

b) 제2단계 장애 극복법 상관

여러 장애 단계들 사이의 일원 대립에서 생긴 상관들이 자음 체계 전체를 포함하는 일은 비교적 드물다. 보통은 몇 개의 자음 음소들이 이러한 상관에 참여하지 않지만, 이들은 같은 장애 단계의 다른 음소들과 일원 대립의 특정한 관계를 갖는다. 같은 장애 단계(조음 부위상의 같은 계열)의 음소들의 일원 대립은 특별한 상관들을 구성하며, 이들 상관은 세 장애 단계의 대립으로 이루어지는 기본 상관들과 구별하기 위해서 제2단계 장애 극복법 상관으로 부를 수 있다. 제2단계 장애 극복법 상관에 속하는 각 상관쌍에서 대립의 두 항은 같은 장애 단계에 속해야 한다.

제2단계 장애 극복법 상관들은 다음의 여섯 가지 유형으로 구분된다. '긴장 상관(corrélation de tension)', '강도 상관(corrélation d'intensité)', '유성 상관(corrélation vocale)', '기식 상관(corrélation d'aspiration)', '성문 상관(corrélation de récursion)', '이완 상관(corrélation de relâchement)'. 제2단계 장애 극복법의 모든 상관은 '강' 자음과 '약' 자음의 대립이다.

상관	약 대립항	강 대립항
긴장 상관	경음	연음
강도 상관	중음	경음
유성 상관	무성음	유성음
기식 상관	유기음	무기음
성문 상관	성문하위음	성문상위음
이완 상관	파열음	내파음

정상적인 호흡에서 조음법이 가장 적게 벗어나는 항이 모든 장애 극복법 상관에서 '자연스럽게' 무표항이 된다. 따라서 이 항에 대립되는 항은 물론 유표항이다.

장애 단계의 여러 음소들이 제2단계 장애 극복법 상관에 의해서 구별되는 것은 장애 단계가 더 높으면 높을수록 그만큼 더 강하다. 따라서 폐쇄음은 보통 마찰음보다 더 많은 부류의 장애 극복법을 나타낸다.

c) 제3단계 장애 극복법 상관으로의 중복 자음 대립

제2단계 장애 극복법 상관은 그 두 대립항들이 단음소적으로 고려될 때에만 그대로의 가치를 지닐 수 있다. 그런데 많은 언어에는 소위 '중복' 자음들이 있다. 이 중복 자음들은 비중복 자음들에 비해 지속 길이가 더 길고 대부분 더 강하게 조음되므로 강도 상관을 연상시킨다. 그러나 모음 사이에서 중복 자음은 두 음절로 나뉘어, 내파는 앞의 음절에 속하고 외파는 뒤의 음절에 속한다. 이 중복 자음들은 자음 연쇄를 허용하는 위치에만 나타나며 자음 연쇄와 똑같은 작용을 하므로 다음소적 가치를 나타내는 똑같은 두 자음으로 형성된 연쇄로 볼 수 있다.

그러므로 어떤 언어에는 특별한 '중복 자음 상관(corrélation de gémination)'이 존재하며, 이 상관의 표지는 자음의 시작과 끝이 일치되는 것과 자음의 시작과 끝이 구별되는 것의 대립이다. 이 상관은 표지가 위에서 열거한 여섯 개의 상관 표지들과 원칙적으로 구별되기 때문에 제2

단계 장애 극복법 상관에 넣을 수 없다. 따라서 중복 상관은 '제3단계 장애 극복법 상관'이라 부를 수 있다.

제2단계 장애 극복법의 대립은 다양한 장애 단계 안에 있는 반면에, 중복 상관은 원칙적으로 제2단계 장애 극복법의 여러 부류들 안에 존재하고 있다. 일본어는 이 상관이 비음과 무성장애음에만 존재하고, 한국어는 명음과 연음폐쇄음들에만 있다.

제2단계 장애 극복법 상관은 전혀 나타나지 않지만, 기본 장애 단계 대립과 중복 상관이 있는 언어들이 있다. 중복 상관과 강도 상관 사이의 관계는 언어에 따라서 다양한 형태를 취하게 된다. 강도 상관의 유표항이 무표항보다 대개 더 긴 지속 길이를 가지고 있기 때문에 강도 상관과 중복 상관 사이에는 많은 유사성이 있다. 두 상관의 차이점이란 중복 자음은 자음 연쇄도 허용되는 음성 위치에만 나타나는 반면에, '중' 자음들(즉, 강도 상관의 유표항들)은 이 위치에만 나타나는 것이 아니다. 또한 강도 상관과 중복 상관이 분석하기 어려운 상관 묶음을 형성하는 복잡한 경우들도 있다.

그러나 중복 상관을 강도 상관과 구별해 내는 것은 어렵지 않다. 그보다는 어떤 언어에 중복 상관이 존재하는가, 또는 소위 '음절 경계 상관'이 존재하는가를 결정하기가 더 어려운 경우가 있다.

3) 공명의 특성

비자음과 '구강' 자음의 대립만이 자음의 공명 특성에 속한다. 비음들은 보통 연구개를 아래로 내리면서 구강을 폐쇄하는 특징이므로, 폐쇄음과는 일원 대립 관계에 있다. 이 세상 대부분의 언어에서 '폐쇄음－비음'의 대립은 일원 대립이면서 비례 대립이다. 이 대립은 적어도 조음 부위상 두 계열, 즉 순음 계열과 설단음 계열에 존재하기 때문이다.

폐쇄음과 비음의 관계는 아주 적은 수의 예외를 제외하고는 모든 언어에서 일원적이며 비례적이고 또 유무적이기 때문에 이 관계를 상관으로 볼 수 있다. 이 자음의 비음 상관은 거의 모든 언어들에 존재하지만, 중화되는 경우는 아주 드물다.

원칙적으로 후두음 계열을 제외하고 조음 부위상 각 계열은 자신의 고유한 비음을 가질 수 있다. 설단음 계열 비음과 치찰음 계열 비음의 조음적 차이는 확실히 혀의 형태에서뿐만 아니라 입천장과의 접촉 지점에서도 나타난다. 그러나 일반적으로 치찰음 계열은 적어도 경구개-치찰음 계열이나 또는 치찰-경구개음 계열이 아니라면 자신의 고유한 비음을 갖지 않는다. 순수한 치찰음 계열과 후두음 계열을 제외하고 조음 부위상 각 계열이 독자적으로 비음을 소유하고 있는 언어들의 수는 상당히 많다. 이에 반해서 비음이 조음 부위상 일부 계열에만 존재하고 있는 언어들도 마찬가지로 있다. 순간음과 지속음 사이의 대립이 조음 부위상 모든 계열에 나타난다고 할 때, 일부 계열은 접근 상관에 의해서, 그리고 나머지 다른 계열은 비음 상관에 의해서 실현되는 것 같다. 비음은 명음이며 지속음이기 때문이다. 이러한 언어들 중 일부에서는 마찬가지로 접근 상관과 제2단계 장애 극복법 상관의 독특한 결합 현상을 주목할 수 있다.

그렇지만 비음 상관과 접근 상관이 상호적으로 양립되지 않는 관계는 결코 일반적이지 않으며 소수의 언어에만 해당되는 현상이다. 대부분 그 같은 언어들에서 이 두 상관은 조음 부위상 같은 계열에 함께 공존하거나 조음 부위상 어떤 계열에서는 이들 상관이 전혀 존재하지 않는다.

오직 두 개의 비음 [보통 m과 n]만이 있는 언어들에서는 이 두 비음들은 서로 일원 대립 관계에 있으며 b-d, p-t에 대한 이 대립의 평행 관계는 바로 일원적인 성격 때문에 그렇게 중요하지 않다. 사실상 m과 n은 유일한 비음인 데 반해서, p와 t는 유일한 무성폐쇄음이 아니며 b와 d도 유일한 유성폐쇄음이 아니기 때문이다. 이러한 사실로 음소쌍 m-n과 p-t쌍(또는 b-d 등)의 관계는 이완되며 m-n는 흔히 유무적 관계를 나타내는 경향이 있다. 여기에서 m은 대립의 유표항이며 n은 무표항이다. 단어 끝에서 m-n 대립이 중화되는 것은 [원음소는 n으로 대표됨] 많은 언어들에 나타나는 현상이다. 같은 언어들에서 m-n 대립의 중화는 단어 내부 자음 앞에서도 마찬가지로 일어난다. 이때 원음소의 대표음은 외부적으로 결정되며, 그것은 뒤에 오는 자음의 조음 부위상 계열에 부합된다. 이로부터 몇몇 언어들에서는 어떤 위치에 불확정한 조음 부위의 비음 음소가 생겨난다. 이 음소는 음운론적 관점에서 오직 최소 장애 단계로 특징지어진다. 조음 부위상 특성이 없는 이러한 비자음들은, 다른 위치에서 m과 n뿐만 아니라 다른 비음들도 구별하며, 따라서 서로 다른 비음들이 다원 대립 관계에 놓여 있는 언어들에서도 마찬가지로 단어 끝이나 또는 자음 앞에서 일어나는 대립의 중화로 나타난다.

앞에서 말한 것처럼 '불확정비음(nasale indéterminée)', [또는 비음원음소 (archiphonème nasal)]의 독특한 특성은 비음공명성과 그 명음이 갖는 고유성(다시 말하면 최소 장애 단계)들이다. 이 점에서 보면 이 원음소는 비음화된 모음들에 가깝다. 그리고 사실상 '확정 비음'과 비음화된 모음들 사이에는 흔히 밀접한 관계가 존재한다. 비음화된 모음들은 독립적인 음소가 아니라 다만 '모음+불확정비음' 연쇄의 결합변이음에 지나지 않기 때문이다.

비음은 조음할 때 구강이 완전히 폐쇄된다 하더라도 최소 장애 단계를 지닌 자음이므로 언제나 명음이다. 연구개를 내려서 공기가 코로 나가게 하는 것은 말하자면 구강 폐쇄의 '가치를 떨어뜨리게(dévaloriser)' 하는 것이다. 그러나 완전한 구강폐쇄로 이루어지는 비음과 불완전한 구강폐쇄로 이루어지는 비음을 음운론적으로 구별하는 언어들도 있다. 이들 언어에서는 한편으로 보통의 비음들이 보통의 폐쇄음에 대립되며, 다른 한편으로는 비음화되지 않은 파열 폐쇄음들이 비음화된 내파 폐쇄음에 대립된다. 반만 비음화된 이 폐쇄음들은 아주 짧은 비음과 폐쇄음이 결합된 연쇄와 같은 청각 느낌을 준다. 이 음소들은 그 언어에서 한편으로는 비음화되지 않은 정상적 폐쇄음과, 다른 한편으로는 '비음+폐쇄음' 연쇄와 음운론적으로 구별될 때에만 특수한 음소로 존재할 수 있다. 비음 상관 또는 비음화 상관은 자음의 유일한 공명 상관인 것 같다.

5. 운율적 특성

1) 음절의 중심

이 세계 대부분의 언어들에서 변별적 운율 특성은 모음에만 존재한다. 그러나 운율 특성은 모음 자체에 속하지 않고 음절에 속한다. 음절을 구성하고 있는 음소들의 일부는 운율적으로 중요하지 않을 수도 있다. 보통은 이러한 음소들이 자음에 해당되나 때로는 모음이 될 수도 있으며 이 경우에 그 모음은 음절을 형성하지 않는다. 다른 한편으로 음절에 모음이 전혀 포함되지 않아서 운율적으로 중요한 부분을 자음이 차지하는 언어들도 나타난다. 이 경우에는 '음절을 만드는(faisant syllabe)' 자음이라고 한다. 끝으로 어떤 운율적 특성은 다음소적 가치를 지닌 ['자음+모음'이거나 '모음+자음'의] 연쇄 전체에 속할 수도 있다. 바로 이러한 이유에서 운율적 특성은 간극도나 조음 부위상의 부류와 마찬가지로 모음의 특성으로 다루어질 수 없고 음절의 특정한 부분의 특성으로 다루어져야 한다.

특정한 언어의 규칙에 따라 변별적 운율 특성을 갖는 음절의 모든 부분을 '음절의 중심(centre de syllabe)'이라고 부른다. 언어에 따라서 음절의 중심은 a) 모음, b) 다음소적 가치를 지닌 모음의 연쇄, c) 자음, d) 다음소적 가치를 지닌 '모음+자음' 연쇄가 될 수 있다. 모음이 음절의 중심으로 기능하지 않는 언어는 없다.

자음 중에서 명음이라고 부르는 자음들만이, 즉 비음과 유음만이 독립적인 음절의 중심 또는 음절의 중심에 사용되는 '모음+자음' 연쇄의 항으로 볼 수 있다.

어떤 언어에서 같은 음소가 때로는 음절의 중심으로 나타나기도 하고, 때로는 음절을 만들지 않는 것으로 나타나기도 한다. 대부분의 경우 이 두 기능은 문맥에 따라 결정된다. 그러나 '음절을 만든다'는 사실이 하나의 변별적 특성이 되는 언어, 즉 그것이 주위의 음성 환경에 의해서 완전히 결정되지 않는 언어들이 있다. 그렇지만 이러한 경우는 매우 드물며, 한 음소가 음절을 만들거나 음절을 만들지 않는 사항은 대부분 주위의 음성 환경에 의해서 자동적으로 결정된다. 한 음소가 음절을 만들거나 또는 음절을 만들지 않는 사항이 외적으로 결정되는 언어에서는 이로부터 특수한 상황이 다양하게 생겨난다.

2) 음절과 모르(more)[8]

음량의 음운론적 해석

음절의 중심은 단음소적일 수도 있고 다음소적일 수도 있다. 언어에 따라서 단음소적 음절 중심만을 가지고 있는 언어가 있고, 단음소적 음절 중심 이외에 다음소적 음절 중심을 가지고 있는 언어들도 있다. 그러나 소위 '장(long)'음절의 중심이 이중인지 중복인지를 생각해 볼 수 있다. 모든 언어에 적용할 수 있는 유일한 대답은 없으며 오히려 문제를 각각의 언어마다 분리하여 검토해야 한다.

a) 이러한 음절 중심의 처음과 끝에 형태론적 경계가 놓이는 언어들에서는 장음절의 중심을 분명히 다음소적인 것 [즉 중복 음절 중심 또는 이중 음절 중심]으로 보아야 한다. 이러한 모든 경우에 장모음은 비슷한 두 단모음의 결합이며, 이 특징은 같은 언어의 모든 장모음에도 마찬가지로 적용될 수 있다.

---

8) 모르 : 음절보다 더 작은 운율 단위로, 그 길이는 단음절과 같다. 리투아니아어와 같이 모르의 수를 세는 언어에서는 같은 음절의 두 운율 단위 사이의 구별은 음악적 강세의 높이로 이루어진다.

b) 장음절 중심의 이와 같은 가치, 즉 '두 유사 음절 중심의 단음소적 연쇄' 가치는 장음절 중심을 체계의 기능상 다음소적 이중모음과 똑같이 취급하는 언어들에도 마찬가지로 나타난다.

c) 장음절 중심의 이와 같은 가치는 단어의 경계에서 장모음이 '하나의 장모음=두개의 단모음'의 공식이 적용되는 언어들에도 마찬가지로 나타난다. 잘 알려진 예로는 고전 시대의 라틴어를 인용할 수 있다. 여기에서 단어의 경계를 나누는 강세는 단어의 마지막 음절에 올 수 없고, 언제나 마지막 음절 앞 끝에서 두 번째 '모르', 즉 끝에서 두 번째 음절이 길면 두 번째 음절에 오거나, 끝에서 두 번째 음절이 짧으면 세 번째 음절에 온다. 이 밖에도 자음으로 끝나는 음절은 장음절로 본다. 그러므로 장모음은 두 개의 단모음이나 '단모음 +자음'의 결합과 같다.

d) 장음절 중심을 두 항으로 나누는 것은 장음절 중심에서 두 종류의 강세를 음운론적으로 구별하는 언어들에서도 분명히 확인할 수 있다. 그런데 이러한 강세의 음성학적 본질은 중요하지 않다. 더 중요한 것은 오히려 장음절 중심의 처음과 끝이 운율적 관점에서 다르게 다루어지

므로, 이러한 차이가 변별적 가치를 지닌다는 점이다.

e) 장음절 중심에 두 종류의 강세화 방법이 있는 언어들에 관한 것은, 장음절 중심에 소위 '성문 폐쇄성(coup de glotte)'이 있는 언어들에 관해서도 마찬가지로 언급될 수 있다. 이 성문 폐쇄음이 성문의 완전한 폐쇄로 이루어지는가, 성문을 강하게 좁히는 것인가는 중요하지 않다. 중요한 것은 이러한 조음으로 장음절 중심이 두 부분으로 나누어진다는 것이다. 장음절의 중심 하나는 처음과 끝 사이에 중단이 있고 다른 하나는 이러한 중단이 없는 두 부류로 나뉘는 반면에, 이 대립은 단음절 중심에서는 일어나지 않는다. 장음절 중심에서 '성문 폐쇄성－성문 비폐쇄성'의 대립이 있는 언어들에서와 같은 대립이 이중모음과 '모음+명음' 연쇄에도 마찬가지로 나타나므로 장음절 중심의 이중성이 분명히 드러난다. 그러므로 장음절의 중심은 '중복된(géminé)' 또는 '이중의(double)' 음절 중심으로 볼 수 있다.

장음절 중심이 질적으로 유사한 두 단음절 중심으로 형성된 단음절 연쇄로 지각되는 언어들도 있다. 이러한 언어들에서 장음절 중심이 갖는 신장성은 그 이중성의 표현에 지나지 않는다. 그러나 이 이중성(또는 더 일반적으로 다양성)은 또한 달리 표현될 수도 있다. 보통 각 음절에는 특정한 음악적 높이가 있다. 그러나 높이는 음절의 내부에서 변화하기 때문에 음절의 처음과 끝은 높이가 다르다. 따라서 음악적으로 상승조, 하강조, 하강−상승조… 등의 음절이 존재하며, 이 모든 운율 종류들은 변별적 가치를 지니고 있다. 그러나 오히려 발전된 '성조 체계(système de tons)'가 있는 많은 언어에서 음절 중심의 운율적 다원성은 지속 시간에 의해 표현되지 않고 음절 중심의 내부에서 높이의 변화로 표현된다고 생각할 수 있다. 이러한 유형의 언어에서는 '다원성(pluralité)'의 서로 다른 두 가지 음성학적 실현이 나란히 이웃하여 존재할 수 있다. 즉, 두 부분에서 음악적 높이가 같은 중복 음절 중심은 장모음(또는 음절을 이루는 명음)에 의해 동일한 성조로 실현되는 반면에, 음악적 높이가 다른 중복 음절 중심은 단모음(또는 음절을 이루는 명음)에 의해 변화 있는 성조(즉, 하강조 또는 상승조)로 실현된다.

장음절 중심을 중복 음소로 평가하거나 또는 더 일반적으로 여러 음소가 복합된 것으로 보는 것은 '음량의 산술적 파악(traitement arithmétique de la quantité)'이다. 이러한 파악이 필요한 언어들에서 가장 작은 운율 단위는 항상 음절과 일치하지 않기 때문에 '모르 수를 세는 언어'라 할 수 있다. '음절 수를 세는 언어'들이 이러한 언어들과 대립을 이루고 있다. 이 언어들에서는 운율 단위가 항상 음절과 일치하며 장음절의 중심[만일 이러한 음절 중심이 존재한다고 하면]은 별개의 단위로 보며 절대로 더 작은 여러 단위의 합으로 볼 수 없다.

장음절 중심과 단음절 중심의 대립 관계는 항상 논리적으로 유무적이다. 이 관계가 중화되어 실제로 유무적 관계로 변화되는 데 따라, 모르 수를 세는 언어들에서는 항상 단음절 중심이 무표항으로 나타나며 장음절 중심은 유표항으로 나타난다. 그러므로 이들 언어에서는 음절 중심의 중복 현상을 상관의 표지로 볼 수 있다. 음절 수를 세는 언어들은 이러한 관점에서 볼 때 위와 비슷한 통일성을 보여주지 않는다.

독일어, 네덜란드어, 영어와 같은 언어들은 전혀 다른 양상을 보여준다. 여기에서 강도는 호기의 '동적인(dynamique)' 자유 강세에 의해 실현된다. 길이의 대립은 단어 끝에서 중화된다. 그리고 강세를 받은 마지막 개음절에서는 장모음만 올 수 있다. 바로 이러한 이유로 단음절의 중심이 아니라 장음절의 중심을 상관의 무표항으로 보아야 한다. 그러므로 여기에서는 한편으로 완전히 전개가 이루어지는 정상적인 모음과 다른 한편으로 다음에 오는 자음의 시작으로 그 전개가 중단된, 절단된 모음과의 대립이 문제가 될 수 있다. 그래서 이 경우에 '음절의 갑작스런 중단(coupe brusque de syllabe)'은 상관의 표지가 된다. 이 '음절 경계 상관(corrélation de coupe)'에서 길이가 긴 것은 모음이 방해받지 않고 완전한 전개가 이루어진 것이며, 짧은 것은 다음에 오는 자음으로 모음의 전개가 중단된 것이다.

3) 운율적 구분의 특성

a) 분류

운율의 음량 관계에 대한 연구로 어떤 언어에서는 가장 작은 운율 단위가 음절(더 정확하게는 음절 중심)이고 다른 언어에서는 모르라는 결론에 도달하게 된다. 따라서 언어는 음절 수를 세는 언어와 모르 수를 세는 언어로 나눌 수 있다. 언어에서 가장 작은 운율의 단위를 '운율소(prosodème)'라고 하며, 음절 수를 세는 언어에서는 음절을, 모르 수를 세는 언어에서는 모르를 뜻한다. 운율의 특성은 구분의 특성과 결합법의 특성으로 분리될 수 있다. 구분의 특성으로 운율소가 서로 구별되는 반면에, 결합법의 특성은 운율소 자체가 아니고, 운율소들이 다음 음성 요소와 결합하는 방법에 다양하게 나타난다.

운율소의 구분은 음절 수를 세는 언어들에서는 강도로, 모르 수를 세는 언어들에서는 음악적 강세의 높이로 이루어진다. 운율소의 차이가 의미를 구별해 주는 변별적 기능만을 행사하는 언어들에서 각 운율소는 고유한 구별 특성이 있으므로, 여러 개의 운율소를 포함하고 있는 단어의 모든 운율소는 이러한 관점에서 유사하거나 혹은 유사하지 않은 운율소들이 서로 다른 순서로 나타날 수 있다. 그러나 운율소의 차이가 변별적 기능을 행사하지 않는 언어들에서는 각 단어마다 구별 특성에 의해서 다른 모든 운율소를 지배하는 유일한 운율소가 있는 반면에 같은 단어의 다른 운율소들은 모두 대립적인 구별 특성을 나타내도록 운율소들이 분포되어 있다.

'강세(accent)' 운율소와 '무강세(inaccentué)' 운율소의 상관적 대립은 우리가 '강세 상관(corrélation d'accentuation)'이라고 부를 것이다. 그리고 특히 모르 수를 세는 언어들에서 두 모르로 이루어진 음절 중심에서 한 모르가 강세를 받거나 받지 않거나 해서 만들어지는 상관 대립은 '성조 변이 상관(corrélation de variation tonique)'이라고 부른다.

따라서 운율의 구분 대립은 절정적인 것과 비절정적인 것으로 분류될 수 있다. 절정적 대립에는 강세 상관과 성조 변이 상관이 일종의 하위 부류에 속한다. 음절 수를 세는 언어들에서는 운율적 강도 상관이, 모르 수를 세는 언어들에서는 성조 상관 또는 음역 상관이 비절정적 대립에 속한다. 이 분류는 모두가 운율소에 대한 개념을 기초로 이루어진 것이다. 음절 수를 세는 언어들에서는 운율소가 음절 중심과 혼동되기 때문에, 운율소의 구별은 강세를 주거나 길이를 연장시키는 두 가지 형태로만 이루어질 수 있다. 그러나 모르 수를 세는 언어들에서는 강세 상관, 성조 변이 상관, 음역 상관 이외에 운율 중복 상관이 덧붙여진다.

b) 강도 상관과 운율 중복 상관

장음절 중심은 두 모르의 가치를 지녔으며, 이에 따라 장음절 중심과 단음절 중심의 대립이 운율 중복 상관을 구성한다는 사실을 입증하는 다섯 가지 특성을 들었다. 이 특성이 없는 곳에서는 장음절 중심과 단음절 중심의 대립을 강도 상관으로 분석해야 한다. 비절정적 강도 상관은 비교적 드문 현상이라고 볼 수 있다. 어쨌든 운율 중복 상관은 이보다 훨씬 더 자주 나타난다. 게다가 이와 같은 상황이 자음의 강도 상관과 자음의 중복 상관에도 존재한다. 운율 중복[다시 말해서 두 모르의 존재]의 유일하게 가능한 음성학적 표현이 길이만은 아니며, 또 한 음절 중심에서 모르 수는 음절 중심 내부에서 길이로 나타내지 않고 성조의 변화로 나타낸다는 사실도 또한 앞서 언급했다.

c) 음역 상관

음역의 변별 대립은 운율적 현상으로 유럽의 언어들에는 완전히 생소하지만, 비유럽어들에는 상당히 많이 분포되어 있다. 음역의 변별적 대립은 '음악적 강세(accentuation musicale)'와 혼동되어서는 안 된다. 음역의 변별 대립이 있는 언어들에서는 각 음절, 또는 더 정확하게 각 모르는 음소들에 의해서뿐만 아니라, 특정한 상대적 음악적 높이인 음역에 의해서 특징지어진다. 소위 '음악적 강세'가 있는 언어들에서는 각 단어들에 하나의 음악적 정점이 있어야 하는 반면에, 음역 대립이 있는 언어들에서는 반드시 그렇지 않다. 즉 다음절로 된 단어는 음악적으로 모두 고음 모르로만 구성되거나 모두 저음 모르로만 구성될 수도 있으며, 혹은 저음 모르와 고음 모르가 어떤 순서로도 다 구성될 수 있다. 각 모르의 음악적 높이는 의미에만 관계되고 있다.

마찬가지로 변별적 성조 변화가 있는 언어들에서 문법

적 차이란 흔히 다양한 모르의 음악적 높이에만 달려 있다. 따라서 변별적 성조 변화가 나타나는 언어들은 두 음역 혹은 세 음역을 음운론적으로 구별하는 것을 알 수 있다.

때로는 특정한 경우에 음역 상관, 또는 성조 변이 상관이 관계되고 있는지를 결정하기가 쉽지 않다. 저음 음절이 같은 단어의 두 고음 음절 사이에 놓일 때는 음역 상관이 문제라는 것을 의심할 수 없다. 성조 변이 상관은 단어에 강세를 붙이는 것을 전제로 한다. 즉 각 단어에서 어떤 음절이나 모르가 다른 음절이나 모르를 지배하는 것과 같은 상황을 전제로 하기 때문이다. 그러나 단어들이 원칙적으로 두 모르 이상을 포함할 수 없는 언어들에서 이러한 판별 기준은 더 이상 적용되지 않는다. 남부 중국어 [예를 들면 광동성 방언]에서는 두 모르로 된 음절 중심에서 여섯 개의 '성조(ton)', 즉 저평조 성조, 고평조 성조, 저하강조 성조, 고하강조 성조, 저상승조 성조, 고상승조 성조를 구별한다. 이러한 상황은 세 음역으로 이루어진 체계를 전제로 해서만 설명될 수 있다. 예를 들면 음절 fan은 '성조'에 따라서 '부분', '잠자다', '가루', '화내다', '나누다', '태우다'로 여섯 가지 의미를 지닌다. 따라서 마찬가지로 이 언어에서 두(한 모르의) '단음 성조'도 강세화와 무강세화가 아니라 고저로 분석하여야 한다. 반면에 네 '성조' [둘은 두 모르의 장음 성조, 둘은 한 모르의 단음 성조]가 있는 북부 중국어에서는 음역의 전제가 필요하지 않고 '강세화'만이 존재한다.

d) 강세 상관

변별적 음성 기능을 다루고 있는 이 장에서는 소위 '자유' 강세만이 당연히 문제가 될 수 있다. '자유' 강세란 단어에서 강세의 위치가 외부적으로 조건 지어지지 않으며, 경우에 따라서 단어 의미에 차이를 줄 수 있는 것[예를 들면 러시아어의 mùkă(고뇌, 고문), mŭkà(밀가루)]을 말한다. 강세를 붙인다는 것은 한 운율소의 절정적 강조로 정의될 수 있다. 절정적 강조는 음성학적으로 여러 가지 방법으로 실현될 수 있다. 즉, 호기의 강조, 음악적 높이의 상승, 길이의 연장, 또는 문제의 자음 또는 모음의 더 분명하고 더 강한 조음을 통하여 실현될 수 있다. 자유 강세가 있는 언어들에 음운론적으로 중요한 것은, 첫째로 이 강조가 각 단어에서 유일한 어떤 위치에서만 일어나므로 문제의 운율소(또는 단어의 부분)가 같은 단어의 모든 나머지 다른 운율소들을 지배하며, 어떠한 다른 운율소에 의해서도 지배되지 않는다는 것이다. 둘째로 같은 수의 운율소를 지닌 단어들에서 이 강조는 항상 같은 운율소에 작용하지 않기 때문에, 오직 강세의 정점 위치에 의해서만 서로 구별되는 단어들의 쌍이 존재할 수 있다는 사실이다.

자유 강세는 많은 언어들에서 매우 다양한 형태로 나타난다. 음절 수를 세는 언어와 모르 수를 세는 언어들 사이의 구별은 여기에서 매우 중요하다. 강세 상관이 유일한 운율 상관이며 음절 수를 세는 언어들에서 상황은 가장 간단하다. 즉 유럽에서는 포르투갈어, 스페인어, 이탈리아어, 현대 그리스어, 불가리아어, 루마니아어, 우크라이나어, 러시아어가 이러한 유형에 속한다. 이중 일부 언어에서는 강세 모음의 길이가 연장되는 반면에 무강세 모음은 음량적으로나 조음적으로도 훨씬 더 감소된다. 자유 강세 외에도 운율 결합법 상관, 즉 음절 경계 상관이 있고 음절 수를 세는 언어들에서 상황은 훨씬 더 복잡하다. 독일어, 네덜란드어, 영어에서는 두 운율 상관이 교차되고 있으며, 이 둘은 모두 음성학적 실현에서 음량과 어떤 관계를 나타내고 있다. 강세 음절의 중심은 무강세 음절의 중심보다 길이가 길고, 완전 전개를 이루는 음절 중심은 전개가 중단되는 음절 중심보다 더 길기 때문이다.

자유 강세가 있고 모르 수를 세는 언어들에서 단어의 정점은 한 모르 음절에 의해서나, 두 모르 음절의 첫 번째 모르에 의해서나 혹은 두 모르 음절의 마지막 모르에 의해서 형성될 수 있다. 그러므로 한 모르의 '단'음절은 강세 음절과 무강세 음절로 나뉜다. 또 두 모르의 '장'음절은 강세 하강조 음절, 강세 상승조 음절과 무강세 음절로 나뉜다. 두 모르 음절이 지닐 수 있는 두 유형의 강세 대립은 성조 변이 대립 또는 성조 변이 상관이라고 부를 수 있다. 이것은 유무 대립에 해당되며 성조 변이 유형 중의 하나는 '무표항'이다.

성조 변이 상관은 자유 강세의 모르 수를 세는 언어들에 반드시 나타나지는 않는다. 모르 수를 세고 자유 강세가 있으면서도 두 모르의 장음절 중심에 한 가지 유형의 강세만이 존재하는 언어들도 있다.

이미 언급한 바와 같이 절정적 강조는 두 모르 음절의 두 모르에 다 영향을 미칠 수 있다.

강세화의 '자유'에 항상 제한이 없는 것이 아니다. 자유 강세는 음절 수를 세는 언어에서와 마찬가지로 모르 수를 세는 언어에서도 제한이 있다. 변별적 자유 강세 상관이 있는 언어들은 각 단어에서 특정한 운율소를 강조할 필요가 없다. 거의 모든 언어에서 문법적 기능 때문에 종속적인 후접어와 전접어에 해당되는 무강세의 소단어들을 제외하고도, 많은 언어에는 어떤 강세 음절도 지니지 않은 문법적으로 '정상적'이고 독립적인 단어들이 있다. 이 단어들은 문장 내부에서 임의적으로 특별한 강세를 받을 수 있으며, 이 강세는 경계 획정적 가치를 지닌 무강세 결합 변이음으로 분석되어야 한다.

앞에서 지적한 것처럼, 자유 억양을 가지는 일부 언어들에 강세 음절이 없는 단어가 나타날 수도 있고, 일부 다른 언어들은 어떤 단어에서 몇 개의 강세 음절을 나타내기도 한다. 당연히 이 음절들 중의 하나만이 단어의 정점이 되며, 다른 음절들은 부성조나 부강세에 지나지 않는다. 자유 강세가 있는 언어들에서 무강세 음절은 모두 마찬가지로 약하거나 음악적으로 낮지 않다. 그러나 대부분의 언어에서 무강세 음절의 역동적이거나 반음계적인 교체는 특정한 리듬에 따라 완전히 자동적으로 조정된다. 그래서 대부분의 경우 절정 운율소로부터 앞이나 뒤로 세어서 짝수 위치의 운율소는 홀수 위치의 운율소보다 약간 더 강조되거나 단어의 첫 번째 또는 마지막 음절이 부강세를 받게 된다. 모든 이러한 현상들에는 어떠한 변별적 가치도 없다. 그러나 부강세의 위치가 자동적으로 조정되어 있지 않고 '어원적으로(étymologiquement)' 규정되어 있어서 변별적 가치를 지니는 언어들이 있다.

강세의 음성학적 실현에 관한 몇 가지 고찰로 끝을 맺기로 하자. 원칙적으로 강세는 모르 수를 세는 언어들의 음악적 높이의 상승과, 음절 수를 세는 언어들의 길이 연장과 밀접하게 연결되어 있다. 그렇지만 한편으로 강세 음절의 음악적 높이는 음절 수를 세는 언어들에서 길이의 연장과 호기의 강조에 덧붙여 나타난다. 사실 음절 수를 세는 언어들에서 강세 음절과 무강세 음절들 사이에 지속 길이의 차이가 거의 없다. 이와 반대로 모르 수를 세는 일부 언어들에서 성조 변이의 차이는 강세 음절에서 음악적이기보다는 호기에 관계되는 것이며, 이러한 언어들은 강세 모르나 음절을 더 길게 발음한다. 이 모든 예들은 운율소의 절정적 강조가 운율소의 비절정적 차이에 사용되는 대립과 무조건으로 일치하지는 않는다는 사실을 보여준다. 이 대립에 의하면 모르의 경우 차이가 음악적 높이로, 음절의 경우에는 강도로 이루어진다. 따라서 다음과 같은 단 하나의 규칙이 여기에 제기될 수 있다. 어떤 언어에서 자유 강세가 운율소의 비절정적 구분과 이웃하여 나타나면, 강세 실현에 이 구분과 똑같은 방법을 사용할 수 없다.

4) 결합법의 운율 대립

a) 성문 폐쇄 상관

결합법의 운율 대립에는 두 가지 종류가 있다. 즉, 성조 단절 상관, 더 정확하게 일컬으면 성문 폐쇄 상관과 음절 경계 상관이다. 성문 폐쇄 상관과 음성학적으로 비슷하나 운율적으로는 완전히 다른 몇 가지 현상들을 혼동하지 말아야 한다.

'모음+완전 성문 폐쇄 또는 불완전 성문 폐쇄'인 모든 연쇄를 '성문 폐쇄 모음'으로 볼 수는 없다. 성문 폐쇄가 특별한 음소로 존재하는 언어들에서 그러한 연쇄는 단순히 음소 연쇄의 가치를 지니는 것으로, 이음소적으로 보아야 한다. 음성 연속체는 이러한 종류의 언어에서 두 음절의 가치를 지닌다.

성문 폐쇄 운율 상관이 두 모르 음절 중심에만 나타나는 언어가 있고 또 한 모르 음절 중심과 두 모르 음절 중심에 모두 나타나는 언어들이 있다. 그러나 성문 폐쇄 상관이 다만 단음절(또는 한 모르) 중심에만 존재하며 장음절(또는 두 모르) 중심에는 존재하지 않는 언어는 하나도 없는 것처럼 보인다. 마찬가지로 성문 폐쇄 상관이 있고 음량의 운율적 차이가 없는 언어도 알려져 있지 않다.

두 모르 음절 중심에서 성문 폐쇄 상관은 모르의 결합법에서 대립을 의미한다. 성문 폐쇄 음절 중심에서 첫 번째 부분은 성대의 (완전 또는 불완전) 폐쇄를 통하여 두 번째 부분과 구분되며, 음향적 느낌은 두 소리가 연속되는 것 같거나 같은 소리 내부에서 정상적인 목소리가 갑자기 속삭이는 소리 또는 중얼거리는 소리로 옮겨가는 것 같다. 성문 폐쇄가 일어나지 않는 음절 중심에서는 첫 번째 부분에서 끝 부분으로의 이동이 중간 과정 없이 어떠한 종류의 멈춤도 느껴지지 않고 점차 이루어진다. 성문 폐쇄 상관은 단음절 중심에 대해서는 음절 중심이 뒤에 오는 자음과 결합하는 방법에서 일종의 대립을 의미한다.

한 모르(즉, 보통은 단모음) 음절 중심은 성대의 완전한 폐쇄(목소리의 완전한 휴지)에 의해 뒤에 오는 자음과 구별되거나 단모음이 중간 과정 없이 직접적으로 뒤에 오는 자음에 접속된다. 그러므로 성문 폐쇄는 두 모르 음절 중심에서 음절 중심 내부에 나타나는 반면에 한 모르 음절 중심에서는 음절 중심이 끝난 뒤에서만 나타난다. 이 두 경우에 성문 폐쇄 음절 중심은 균일한 전개를 가지는, 즉 모음의 중간이나 끝에서 단절이 없는 음절 중심과 대립을 이루고 있다. 한 모르는 두 모르 음절 중심의 두 번째 모르 [장모음이나 이중모음, 또는 '모음+명음'의 연쇄]와 함께 결합하거나 음절 중심의 부분을 이루지 않는 뒤따르는 자음과 결합한다. 이러한 결합은 갑작스런 성문 폐쇄, 즉 날카로운 단절이나 중간 과정 없이 직접적으로 이루어질 수 있다.

b) 음절 경계 상관

음절 경계 상관도 역시 운율 결합법 대립이 분명하다. 이것은 사실상 모음 음절 중심이 뒤에 오는 자음과 이루는 소위 '견고한(ferme)' 결합과 '느슨한(lâche)' 결합의 대립에 지나지 않는다, 이 밖에도 견고한 결합의 모음은 느슨한 결합의 모음보다 더 짧다. 이것은 부수적 음성학적 현상이다. 견고한 결합에서 자음은 모음 전개의 (보통 상승조, 다음에 하강조인) 최고점을 아직 통과하지 않은 그 순간에 시작된다. 이에 반해서 느슨한 결합에서는 자음이 시작되기 전에 모음 전체가 전개된다. 견고한 결합은 말하자면 모음의 끝을 자르는 것이며, 그렇게 잘린 모음은 잘리지 않은 보통 모음보다 더 짧을 수밖에 없다. 음절 경계 상관은 유무 대립에 근거를 두며 그 무표항은 뒤에 오는 자음과 견고하게 결합하지 않고 완전히 전개된 잘리지 않은 모음이다. 이 상관은 끝 위치나 모음 앞에서 중화된다. 중화 위치에서는 [음성학적으로 길거나 반 정도 긴] 완전한 전개를 하는 모음만 존재하게 된다.

성문 폐쇄 상관이 모르 수를 세는 언어들에만 나타나는 반면에, 음절 경계 상관은 모르 수를 세는 언어와 음절 수를 세는 언어의 구별이 훨씬 더 분명하지 않다. 음절 경계 상관이 주강세와 부강세 음절에 작용하는 독일어, 네덜란드어, 영어는 분명히 음절 수를 세는 언어들이다. 음절 경계 상관과 중복 운율 상관이 묶음 결합을 이루는 것은 노르웨이어와 스웨덴어에서도 마찬가지로 나타난다.

어떤 언어에 음절 경계 상관이나 자음 중복 상관이 있는지 여부를 판단하는 것은 항상 쉬운 일이 아니다. 단모음과 장모음의 대립이 중복자음과 비중복자음 앞에서 변별력을 가지고 있는 핀란드어, 헝가리어는 분명히 음절 경계 상관이 문제가 될 수 없다. 그러나 이탈리아어에서 강세모음은 모음 앞이나 모음 사이에 놓인 단순자음 앞에서 항상 길며, 중복자음 앞에서는 반대로 항상 짧다. 그러나 중복자음과 비중복자음의 대립이 강세모음 뒤에서뿐만 아니라 무강세모음 뒤에서도 나타나고, 비중복자음 앞 강세모음은 중복자음 앞에서보다 더 길지 않기 때문에, 이탈리아어에서 자음 중복은 완전히 독립된 현상이며 음절 경계 상관의 결과로 볼 수 없다. 다른 한편으로 이탈리아어에서 강세모음은 중복자음 앞에서뿐만 아니라 모든 자음 연쇄 앞에서와 끝 위치에서도 짧지 않다. 따라서 이탈리아어에서 모음의 음량 차이는 외부적으로 조건 지어져 있으며 비중복자음 앞과 또 다른 음절을 형성하는 모음 앞에 놓인 강세 모음의 길이는 결합변이로 분석될 수 있으므로 이탈리아어에서는 음절 경계 상관이 문제가 될 수 없다.

반면에 음절 경계 상관을 가지는 언어들에서 중복자음과 비중복자음 사이의 대립은 음운론적으로 중요하지 않은 부수적 현상이다.

5) 문장을 구별하는 운율 대립

자음과 모음의 변별적 특성은 단어를 구별하는 데 이용되는 반면에 운율적 특성은 단어의 의미를 구별하는 데뿐만 아니라 단어군 전체의 의미와 문장의 의미를 구별하는 데도 사용된다. 성조 변이 대립(또는 문장의 억양), 음역의 변화, 문장의 강세와 휴지가 이러한 목적에 사용된다.

먼저 문장 구별에 사용되는 운율 대립이 동시에 단어 구별에도 이용되는가 그렇지 않은가를 원칙적으로 구별해야 한다. 문장을 구별하는 대립이 단어를 구별하는 데 전혀 기능하지 않으면 그 사용에 어떠한 제한도 없다. 그러나 문장을 구별하는 대립이 마찬가지로 단어도 구별하는 곳에서는 이 두 기능이 교차되고 또 한쪽 기능이 다른 한쪽에 종속됨으로 해서, 때로는 아주 복잡한 상황이 생긴다.

a) 문장의 억양

대부분의 유럽어들은 단어를 구별하는 성조 변화 대립이 없으므로, '억양(intonation)'은 전적으로 문장을 구별하는 방법이 된다. 이러한 목적으로 대개는 상승조 억양과 하강조 억양이 사용된다. 상승조 억양은 대개 '계속적(de continuité)' 기능, 즉 그 문장이 아직 끝까지 발음되지 않았다는 의미인 반면에 하강조 억양은 '종결적(conclusive)' 기능이다. 보통 이 두 억양은 휴지 앞의 마지막 단어에서만 실현되므로, 그 문장이 끝났는지 끝나지 않았는지를 나타내는 것이 이 위치에서 중요하다.

성조 변화 대립으로 단어를 구별하는 언어들에서 이 대립은 문장의 억양에 종속되기 위하여 휴지 앞에서 변화되어야 한다. '계속적' 억양과 '종결적' 억양 이외에도 '열거적(énumérative)' 억양이 있으며 변별적 가치를 갖는다. '열거적' 억양과 '계속적' 억양의 대립은 소위 명사적 문장이 완전히 정상적인 통사 형태를 가지고 있는 러시아어와 같은 언어들에서 분명히 확인될 수 있다.

유럽어들에 특별한 문장 억양이 있다고 가정하는 경우에는 표상적 기능과 청자 지향적 기능 또는 표현적 기능 사이를 혼동하는 경우다. 이들 언어에서 소위 문장을 구별하는 억양이 만들어내는 차이는 추상적 의미가 아닌, 문장 또는 단어군의 감정적 의미에 근거를 두고 있기 때문이다.

b) 문장을 구별하는 음역 차이

문장의 억양과 문장을 구별하는 음역 대립을 혼동해서는 안 된다. 많은 언어들은 단어나 보어를 묻는 문장과는 다르게 판단에 관해서 묻는 문장에서 음악적으로 상승조 억양을 나타낸다. 이 상승조 억양은 일반적으로 좀 더 높은 음역으로 '계속적' 억양과 구별되어, 성조의 상승조는 보통 문제가 된 문장 요소에서 먼저 나타난다. 또한 음역 높이는 끝나지 않은 평서문과 의문문을 구별하는 데 사용된다.

보통 높이 아래로 음역이 낮아지는 것은 일반적으로 삽입문이나 문장의 맥락 밖에 위치하는 삽입어들에도 나타난다. 삽입문과 보통문의 차이는 목소리를 이렇게 낮춰서 만든다. 그러나 음역을 낮추는 것만이 삽입문의 표시가 아니며, 오히려 하강조도 아니고 상승조도 아닌 특별히 '평평한(plate)' 억양과 언제나 문장의 빠른 진행에 관련되어 있다.

그러므로 문장을 구별하는 음역 변화는 유럽어들에서 절대로 완전히 독립적이지 않으며 항상 특정한 문장 억양과 연결되어 있는 것으로 보인다. 독립적 음역 변화는 유럽어에서 청자 지향적 기능이나 표현적 기능과 함께 나타나며, 문장 구별에 음역 변화가 비교적 드물게 사용되는 이유가 바로 이 점으로 설명될 수 있다.

c) 문장 강세

강세 음절의 호기 강화는 많은 언어들에서 문장을 구별하는 데도 마찬가지로 사용된다. 내용으로 보아 강조되어야 할 단어가 이 호기 강화를 받게 된다. 호기 강세 위치가 단어를 구별하는 데 기능하지 않는 언어들에서는 문제가 비교적 간단하다.

독일어에서도 문장의 강세는 힘의 정도를 통해서 구별된다. 단어의 강세를 문장의 강세에 종속시키는 일은 강세의 등급에 의해서 이루어지는데, 독일어는 복합어에 주강세 이외에 부강세가 있으므로 더 복잡하다. 독일어는 복합어만이 주강세의 위치에 따라 구별되며, 항상 '주강세 –부강세'의 대립이 독일어 문장에도 마찬가지로 적용된다. 따라서 독일어에서 강세의 강도는 문장 또는 단어 배열의 의미와 복합어또는 어간 배열의 의미에 달려 있다.

단어의 강세가 실제로 비복합어에서조차도 완전히 자유롭고, 강세의 위치 대립이 어휘 속에서 많이 사용되는 반면에 부강세는 전혀 음운 가치도 없는 러시아어에는 또 다른 종류의 원칙이 나타나고 있다. 러시아어에서는 강세의 강도가 문장의 의미에 달려 있다. 즉, 문장의 의미는 특정한 단어에 놓인 강세를 강화하고, 나머지 구성 요소의 강세를 약화시킴으로써 변화될 수 있다. 러시아어의 단어 강세에 음운론적으로 변별적인 것은 강세 음절의 모음과 무강세 음절의 모음들 사이의 음량적 차이와 음질적 차이인데 반하여, 문장 강세에 변별적인 것은 문장의 여러 항들에서 강세 음절들 사이의 호기 강도(force expiratoire)의 차이이다. 러시아어 단어의 강세는 유일하므로 복합어 안에서 변별적 부강세가 전혀 없다. 그러나 문장에서는 주강세와 부강세가 구별된다. 이에 반해서 독일어에는 문장이나 단어에 똑같이 변별적 부강세가 있다. 그리고 오직 문장 강세에만 관여적이거나 단어 강세에만 관여적인 강세의 객관적 지표는 아무것도 없다.

d) 문장의 휴지

'휴지 있음－휴지 없음'의 대립을 적어도 성문 파열 상관과 동일한 것으로 취급하지 말아야 한다. 휴지는 문장을 구별하는 유일한 수단으로 단어를 구별하는 운율 특성들 안에 그에 정확히 대응되는 것이 없지만, 문장의 휴지는 문장을 구별하는 모든 다른 수단들과 같이 운율 수단이며 결합법의 운율 특성에 속하는 것으로 분석될 수 있다. 문장의 휴지는 대부분 서로 다른 문장이나 문장의 부분을 나누는 데 사용되므로, 특히 경계 획정적 기능을 수행한다. 그러나 '휴지 있음－휴지 없음'의 대립도 마찬가지로 변별적 가치를 지닌다.

e) 일반적 고찰

단어를 구별하는 데 사용하는 음성의 특성을 문장에도 사용하지만, 문장을 구별하는 수단은 운율 수단뿐만 아니라 단어의 모든 다른 음운 수단과도 원칙적으로 다르다. 이 원칙적 차이는 음소와 단어를 구별하는 운율 특성들이 그 자체로서는 언어기호(signe linguistique)가 아니며 언어기호의 일부분에 지나지 않는다는 사실에 있다. 음소는 그 자체로 전혀 기호의 가치가 없으므로, 아무것도 가리키지 않고, 아무것도 의미하지 않으며 서로 다른 언어기호(단어, 형태소)의 일부분에 지나지 않는다. 이에 반해서 문장을 구별하는 수단은 독립된 언어기호다. '계속적' 억양은 문장이 아직 끝나지 않았다는 것을 의미하며, 음역의 낮춤은 담화에서 어떤 부분이 앞에 오는 부분과 뒤에 오는 부분에 연결되어 있지 않음을 뜻한다.

6) 비정상적 변별적 요소들

많은 언어들에는 정상적 음운 체계 이외에도 아주 특수한 기능을 지닌 특별한 음운 요소들이 있다. 우선 이 범주에는 모든 '외래어 소리(son étranger)', 즉 외국어 음운 체계에서 차용해 온 원칙적으로 외국어 단어에 나타나는 음소들이 속한다. 보통은 이 외래어 음소들이 원래의 외국어처럼 똑같이 실현되지 않고 토착어 체계에 맞추어졌다는 사실을 주목해야 한다. 또 그러한 '외래어 소리'가 일단 한번 그 언어에 들어오고 나면, 항상 그 '올바른 위치(juste place)'에서 사용되지 않는다는 사실을 확인할 수 있다. 이들은 본래 외래어의 특성이기 때문에 그 단어에서 맞는 자리에 있는가 그렇지 않은가에 관계없이 외래어처럼 느껴지는 단어 속에 나타날 수 있다. 한 단어의 외래어 소리는 토착어 체계에 동화되지만, 비교적 늦게 이루어지므로 그 사용 분야가 은어적 표현에 제한되어 있어서, 이 음소들은 특수한 기능을 지니게 된다.

이 밖에도 특수한 기능의 음소들은 감탄사, 의성어, 가

축들을 부르는 소리와 명령에도 마찬가지로 나타난다. 이 단어들은 용어 의미 그대로의 표상적 기능이 전혀 없으므로, 어휘에서 완전히 제외된 다른 부분을 형성하며, 정상적 음운 체계가 적용되지 않는다. 유럽어들에도 이러한 유형의 단어들에만 사용되는 특별한 소리들이 있다. 예를 들면 'hm'으로 표기되는 감탄사, 말몰이를 할 때 사용하는 흡착음, 말을 멈추게 할 때 사용하는 순음 r, 몸이 떨리는 것을 나타내는 감탄사와 같은 것이다. 일부 이국적 언어들에는 정상 음운 체계 밖에 위치해 있는 이러한 유형의 음소들 수가 아주 많다.

V. 변별적 대립의 중화 유형

1. 개론

여러 언어들은 음소 목록과 운율적 수단에 의해서뿐만 아니라 이러한 변별적 요소들의 사용으로도 서로 구별된다. 일부 음소들을 사용하는 데 있어서 유사한 제한이 모든 언어에 나타나므로, 이 제한은 음소 목록이 다양하듯 여러 언어마다 음운론에서 특징적이다.

이러한 관점에서 볼 때 음운 대립의 중화에 관계되는 규칙들은 매우 중요하다. 중화는 일부 위치에서 일어나며, 이들 위치에 나타날 수 있는 음소들의 수는 다른 위치들에서보다 더 적다. 운율 특성의 일반 체계나 음소들의 일반 체계 이외에도 부분 체계가 존재한다. 이것은 특정한 음성 위치에서만 유효하며, 그 안에서는 체계 전체를 형성하는 음운론적 수단의 일부만이 나타나고 있다. 중화 규칙은 언어와 방언에 따라 다르지만, 여러 언어와 방언에 나타나는 모든 종류의 중화 현상이 귀착되는 어떤 유형을 발견할 수 있다.

먼저 음운 대립의 중화가 특정한 음소와 인접하여 나타나는 것이냐 또는 인접한 음소와는 무관하게 다만 단어에서의 특정한 위치에서 나타나는 것이냐에 따라 문맥 조건에 따르는 중화 유형과 구조 조건에 따르는 중화 유형을 구별해야 한다. 이 밖에도 중화가 '어떤 것(quelque chose)'의 뒤에서 이루어지느냐 또는 '어떤 것'의 앞에서 이루어지느냐에 따라서 역행적 중화와 순행적 중화를 구별해야 한다.

2. 문맥 조건에 따르는 중화 유형

문맥 조건에 따르는 중화 유형은 문제의 음소가 문맥의 음소에 비추어볼 때 특정한 음성 특성의 변별성이 이화되느냐 혹은 동화되느냐에 따라 '이화적(dissimilatif)' 중화와 '동화적(assimilatif)' 중화로 나뉜다. 여기에서는 항상 특정한 음운의 특성이 없어지기 때문에, 이화적 중화는 그 음소와 인접해 있을 때만 일어나는 반면에, 동화적 중화는 이 특성을 가지고 있지 않은 음소와 인접해 있을 때만 일어난다.

1) 이화적 중화

이화적 중화에서는 몇 가지 서로 다른 하위 유형을 구별해야 한다. 음운 대립이 인접해 있을 때 중화가 일어나는 '문맥 음소(phonème de contexte)'는 문제의 음운 특성 그 자체를 나타낼 수 있거나 유사한 음운 특성을 나타낼 수도 있다. 이 밖에도 문맥 음소는 그(또는 유사한) 특성을 다만 긍정적으로나 부정적으로 소유할 수도 있다. 즉 중화는 같은 유무 대립이나 유사한 유무 대립의 유표항이나 무표항이 인접해 있을 때도 일어날 수 있다.

a) 음운 대립의 중화는 같은 대립의 두 항이 인접해 있을 때 이루어진다. 아주 많은 언어들에서 유성장애음과 무성장애음 사이의 대립은 유성장애음뿐만 아니라 무성장애음과 인접해서도 중화된다. 이때 원음소의 대표음이 외적으로 조건 지어지며 원음소 실현의 유성성 또는 무성성은 문맥 음소와 유사하다.

프랑스어에서는 비음화된 모음과 비음화되지 않은 모음들 사이의 대립이 모든 모음들 앞에서 중화된다. 이 경우에 비음화되지 않은 모음들이 원음소의 실현으로 기능한다. 이 모음들이 이 대립의 무표항이기 때문이다.

b) 음운 대립은 유표항과 인접해 있을 때는 중화되지만 무표항과 인접해 있을 때는 그 대립이 유지된다. 산스크리트어에서는 치음 n 과 권설음 ṇ의 대립이 권설음 ṣ 뒤에서 중화된다. 이에 반해서 이 대립은 권설음이 아닌 s 뒤에서 뿐만 아니라 다른 권설자음들인 ṭ, ṭh, ḍ, ḍh 뒤에서는 마찬가지로 유지된다.

c) 음운 대립은 음운론적으로 유사한 대립의 두 항이 인접해 있을 때 중화된다. '유사성(parenté)'은 위에 소개한 음운 대립 체계로부터 생겨난다. 레게어[lesghe, 쿠린어(kurine)][9]에서 원순자음과 비원순자음 사이의 대립은 폐모음 u, ü, i 앞에서 뿐만 아니라 뒤에서도 중화된다. 이 모음들은 '원순－비원순' 대립의 항들이고 개모음인 ɑ, e 는 이 대립에 참여하지 않기 때문이다.

d) 음운 대립은 유사한 대립의 유표항과 인접해 있을 때 중화되지만, 무표항과 인접해 있을 때는 음운론적 가치를 유지한다. 일본어에서는 습음화된 자음과 습음화되지

9) 레게어 : 캅카스 지방에 살던 레게족이 사용하던 언어.

않은 자음들 사이의 대립이 후설모음들 앞에서만 음운론적 가치를 지니며 전설모음들 앞에서는 중화된다.

때로는 어떤 대립이 다른 대립의 유표항과 인접해 있을 때 일어나는 중화 현상으로 이 두 대립의 '유사성(parenté)'이 입증되기도 한다. 그러나 특정한 음운체계 안에서 일부 대립들 사이에 존재하는 유사성은 일반적인 검토로부터 단순하게 유도될 수 없다.

2) 동화적 중화

문맥 조건에 따르는 동화적 중화는 대립항들이 대립 표지가 없는 음소들과 인접해 있을 때 그 대립 표지를 잃어버린다. 동화적 중화를 야기하는 문맥 음소는 중화된 대립과 공통되는 어떤 자질들을 가지고 있어야 한다. 이 음소는 같은 체계의 다른 음소들보다 어떠한 점에서는 중화된 대립항들에 더 가깝다.

우리는 이미 간극도가 모음을 특징짓는 표지라고 했다. 간극도 대립의 동화적 중화는 다른 자음들보다 모음과 더 많은 유사성을 지니면서도 여전히 자음으로 남아 있는 자음들 앞에서만 이루어질 수 있다. 많은 언어들과 방언들에서 특정한 간극도의 차이는 비음과 유음(특히 같은 음절에 속하는 비음 또는 유음) 앞에서 중화된다. 이것은 비음과 유음이 다른 자음들보다 모음에 더 가깝지만 모음이 아니라는 사실, 즉 변별적 간극도가 없다는 사실로 설명된다.

동화적 중화가 일어나기 위해서는 문맥의 음소가 다른 자음들보다 모음에 더 가까워야 한다. 유음과 비음은 가장 약한 장애 유형이나 '최저 장애도'를 나타내기 때문에, 즉 자음에 고유한 특성들을 가능한 한 가장 적게 소유하고 있기 때문에 모음에 더 가깝다.

영어의 모음 체계에서, 원심적 전개 방향과 구심적 전개 방향의 음운 대립이 '표준 영어(anglais type)'의 완전한 전개를 하는 모음에 특징적이다. 모음에 독특한 이 대립은 r 앞에서 중화된다. 영어의 r는 모든 영어 자음들 가운데서 모음에 가장 가깝지만, 모음에만 독특한 표지인 결합법과 전개 방향을 가지고 있지 않다.

3) 문맥 조건에 따르는 결합된 중화

'문맥 조건에 따르는 결합된 중화' 유형이란 동화적 중화가 이화적 중화와 함께 이루는 모든 결합을 뜻한다. 예를 들면 불가리아어, 리투아니아어, 그리고 폴라브어[10]에

---

10) 폴라브어 : 엘바 강이 관류하는 보헤미아 지방에 있는

서 습음화된 자음과 습음화되지 않은 자음의 대립이 모든 자음들 앞에서 중화되었을 때, 이것이 바로 문맥 조건에 따르는 결합된 중화다. 사실 습음화 상관의 일부를 이루고 있는 자음들 앞에서 이 상관의 중화는 분명히 이화적이다. 반면에 습음화 상관에 참여하지 않은 자음들 앞에서 이 상관의 중화는 동화적이다.

3. 구조 조건에 따르는 중화 유형

구조 조건에 따르는 중화 유형은 다시 원심적 유형과 감소적 유형으로 나눈다.

1) 원심적 중화

원심적 유형에서 음운 대립은 단어나 형태소의 경계에서 중화되므로, 첫머리나 끝, 혹은 동시에 첫머리와 끝에서 중화된다. 문어 독일어에서 경음과 연음 사이의 대립은 끝에서 중화되며 이밖에도 연음 s와 경음 s의 대립은 첫머리에서 마찬가지로 중화된다.

체코슬로바키아의 평원인 폴라브 지방의 언어.

2) 감소적 중화

감소적 중화란 단어의 음운론적 정점을 형성하는 음절을 제외하고, 나머지 모든 음절에서 일어나는 음운 대립의 중화를 뜻한다. 이 절정적 음절의 대부분이 '강세'로(즉 호기의 강화나 음악적 높이의 상승으로) 특징지어진다. 여기에서는 두 가지 유형을 구별할 수 있다.

a) 절정적 음절의 위치가 자유로우며 변별적 기능을 할 수 있다. 이 경우에 절정적 음절은 언제나 강세를 받는다. 다시 말해서 운율소들의 절정적 구분이 나타난다. 이 밖에도 어떤 음운 대립들은 강세 음절에만 나타나며 모든 다른 무강세 음절에서는 중화된다. 레게어에서는 반복폐쇄음과 비반복폐쇄음 사이의 대립이 폐모음 앞에서 강세 음절 앞 음절에서는 중화되는 반면에, 강세 음절 뒤 음절에서는 이 대립이 널리 나타나고 있다. 그러나 원순자음과 비원순자음들 사이의 대립은 중 무성 폐쇄자음과 경 무성 폐쇄자음들의 대립과 마찬가지로 강세 음절 뒤 모음 앞에서 중화된다.

b) 절정적 음절의 위치가 자유롭지 않으나 단어 경계에

연결되어 있다. 즉 정점은 모든 단어에서 첫음절로 형성되거나 끝음절로 형성된다. 어떤 음운 대립은 문제의 결정적 음절에만 나타나고 모든 다른 음절에서는 중화된다.

소위 '모음조화(harmonie vocalique)'가 있는 터키어에서는 조음 부위상의 어떤 모음 대립[보통은 혀의 위치 대립이지만, 때로는 입술의 형태 대립이기도 하다]들은 단어의 첫음절에서만 완전히 관여적이다. 다른 음절에서는 이 대립들이 중화되며, 원음소 실현의 선택은 외적으로 조건 지어져 있다. 즉, 첫음절이 아닌 음절의 모음들은 언제나 앞 음절의 모음과 같은 혀의 위치 부류에 속한다. 이 경우에서 첫음절이 단어의 정점을 이룬다.

정점 위치가 자유롭지 않은 언어들에서 음운론적으로 결정적인 음절은 마찬가지로 대부분 호기로 강조된다. 이것은 당연히 변별적 의미를 지니지 않은 경계 획정적 강세에 지나지 않는다. 경계 획정적 강세 위치가 음운론적으로 자유롭지 못한 단어의 정점의 위치와 일치하지 않는 언어들이 많이 있다. 특히 대부분의 터키어들이 이 유형에 속한다.

3) 구조 조건에 따르는 결합된 중화

구조 조건에 따르는 중화의 두 가지 형태는 서로 결합

될 수 있다. 소위 '우랄 알타이어'에 속하는 언어들은 일부 자음의 대립들이 단어의 첫음절에서 중화되는 반면에(원심적 유형), 일부 모음의 대립이나 운율 대립은 이와 반대로 단어의 첫음절이 아닌 음절에서 중화되는 일이 흔히 있다(감소적 유형).

4. 중화의 혼합 유형

끝으로 구조 조건에 따르는 중화 유형들은 문맥 조건에 따르는 중화 유형들과 결합될 수 있다. 라틴어에서는 u와 o의 대립이 끝음절 비음 앞에서 중화되었다. 이때는 항상 u가 원음소로 실현되어, 어미 -um, -unt로 되었다. 이것은 문맥 조건에 따르는 동화적 중화 유형과 구조 조건에 따르는 원심적 중화 유형이 결합된 경우다.

5. 서로 다른 중화 유형의 작용

몇 가지 유형의 중화가 결합되어서 두 가지 상반되는 방향으로 작용할 수 있다. 한편으로 이들 결합은 한계를 지키게 되어 중화될 수 있는 대립이 실제로 아주 적은 수의 음성 위치에서만 중화되고 대부분의 위치에서 그 변별력을 유지하게 된다. 그러나 다른 한편으로 이들 결합이 합쳐져서 아주 좁은 범위 안에서만 대립이 변별적 기능을 할 수 있게 된다.

많은 언어들에서 특정한 유형의 중화나 특정한 위치의 중화를 선호하는 경향이 나타나고 있다. 어떤 음성 위치에서는 몇 가지 음운 대립이 중화되는 반면에, 또 다른 음성 위치에서는 모든 음운 대립이 그대로 유지된다. 그러므로 같은 언어에 음소의 최소 구별 음성 위치와 최대 구별 음성 위치가 존재한다. 게다가 모음의 구분과 자음의 구분 사이에 어떠한 평행 관계가 있어야 할 필요가 없다. 어떤 언어들은 또한 특정한 방향(순행적 또는 역행적)의 중화를 선호하는 경향을 보이고 있다. 이것은 아마도 언어의 문법적 구조와 형태론적 구조에 관계가 있는 것으로 보인다.

VI. 음소의 연쇄

1. 음소의 기능적 분류

음운 대립의 중화는 확실히 가장 중요한 현상이지만, 결합 이론 분야에서 절대로 유일하게 중요한 현상은 아니다. 일원 대립만이 중화될 수 있으며, 그 수는 항상 각 음운 체계에서 다원 대립보다 훨씬 더 적다. 대부분의 경우 특정한 음성 위치에 어떤 음소가 용인되지 않는 것은 어떤 대립의 중화 때문이 아니다. 이러한 제한은 문제의 음소 체계를 특징짓는 데 아주 중요하며, 여러 음소들의 사용과 결합을 제한하는 모든 규칙들이 음운 체계 기술에서 항상 신중하게 언급되어야 한다.

이 규칙들을 근거로 음소들의 기능적 분류를 시도할 수 있으며, 이것은 음운 대립의 논리적 분석으로 이루어지는 다른 분류를 보조하게 된다. 그러므로 음소의 결합 규칙으로부터 자음의 완전한 분류, 자음과 모음의 엄격한 구별을 유도해 낼 수 있다. 그러나 이러한 유형의 경우는 비교적 그 수가 드물다. 음소의 결합 규칙으로 음소들의 분류가 불완전하게 되는 언어들도 있기 때문이다.

이와 반대로 단어 유형과 결합 가능성이 너무 다양하여 음소의 명확한 기능적 분류가 거의 불가능한 언어들도 있다. 이러한 모든 특성들은 세계의 언어들을 음운론적으로 분류하는 데 대단히 중요하다.

2. 음소 결합에 작용하는 일반 법칙의 문제

각 언어에서 음소 결합은 특정한 법칙을 따르고 있다. 그러나 이 법칙들 중의 일부가 모든 언어에 적용될 수 있는지의 여부를 생각해 볼 수 있다.

트른카[11]는 음운 대립을 상관과 분리로 구별하는 이미 구식이 된 분류로부터 출발했으므로 문제 해결에 완전히 성공할 수 없었으나, 그의 논문에 몇 가지 훌륭한 생각이 나타나 있다. 그는 일반적 가치를 지니는 규칙을 설정할 수 있다고 생각했다. 이 규칙에 의하면 한 형태소 안에 상

---

11) 보후밀 트른카(Bohumil Trnka, 1895~1984) : 체코 프라하 카를대학의 고전영문학 교수로, 프라하 언어학파 창시자 중의 한 사람. 《A Phonological Analysis of Present Day Standard English》(1935), 《Selected papers in structural linguistics》(1982) 등의 저서가 있음.

관쌍의 두 항은 나란히 올 수 없다는 것이다. 그러나 접근 상관이 엄격하게 적용되는 언어들에서 마찰음이 그에 상응하는 폐쇄음과 이루는 연쇄는 어렵지 않게 허용된다. 트른카도 이 점을 인식하여 이 경우에 '상관'이라는 용어 대신에 '평행(parallélisme)'이라는 용어를 사용해서 이 예외들을 제거한다고 생각했다. 그는 다른 한편으로 지금까지 사용된 음운론 용어로는 전혀 상관쌍을 형성하지 않는 음소들이 어떤 언어에서는 같은 형태소 범위 안에 절대로 나란히 허용되지 않는다는 점을 확인했다. 그렇지만 트른카는 그러한 음소들의 쌍을 상관쌍이라 부름으로써 지금까지 사용된 용어와 거리를 두었다. 사실상 우리는 앞에서 상관쌍을 유무 비례 대립[이것은 근본적으로 '음운론 표준 용어 초안' 정의에 일치한다]으로 정의했다. 따라서 트른카는 한편으로 비음 상관을 상관으로 인정하려 하지 않았고 접근 상관이나 모음 상관, 음량 상관도 상관으로 인정하지 않았으며, 다른 한편으로는 일원 등치 대립을 상관이라고 부르기 때문에, '상관' 개념에 대한 새로운 정의를 내려야 했다.

실제로 문제의 논문[12] 59쪽에서 트른카는 다음과 같이

---

12) 〈음소 결합의 일반 법칙(General Law of Phonemic

말하고 있다. "따라서 이러한 종류의 음운론적 관계와 상관을 구별할 필요가 있다. 상관은 유사성이 너무 밀접하여 같은 형태소의 일부를 이루는 연쇄에서 같은 쌍의 항들이 다른 음소들처럼 대립되는 힘을 잃게 한다." 그에 의하면 상관이란 두 음소들 사이의 밀접한 유사성을 의미하는데, 이 유사성으로 인하여 이들 음소는 같은 형태소의 일부를 이루는 연쇄에서 구별되는 음소들처럼 나란히 놓일 수 없게 된다. 그러나 위에서 제시한 규칙의 형태에서 '상관'이라는 단어를 이 정의로 바꾸어놓으면, 이 규칙은 전체가 같은 말의 반복에 근거를 두고 있다는 사실을 알게 된다. 즉 '한 형태소의 범위 안에서 나란히 올 수 없는 음소들은 한 형태소의 범위 안에 나란히 올 수 없다'. 트른카는 이 규칙을 '최소 음운 대비 규칙(règle du contraste phonologique minimum)'이라고 부른다. 이 명칭은 그가 제시한 불완전한 정의보다 문제의 본질에 훨씬 더 적합하다.

직접 인접해서 나란히 있는 음소들은 일종의 최소한의 차이를 나타낸다. 이러한 사실을 알아낸 것은 트른카의 업적이다. 우리가 이러한 관점에서 음소들의 결합을 검토해 보면 세계의 어느 언어에도 허용되지 않는 몇 개의 음

Combinations)〉, TCLP VI.

소 연쇄가 존재하는 것을 발견하게 된다. 그래서 일반적으로 허용되지 않는 두 종류의 연쇄를 정할 수 있다. 먼저 제2단계 장애 극복 상관[자음의 강도 상관은 제외하고]의 특성으로서만 서로 구별되는 두 자음으로 형성된 연쇄다. 둘째로는 '유사한' 두 조음 부위 계열에 속한다는 사실 [즉 서로 유무 또는 등치 일원 대립 관계에 놓여 있음]에 의해 서로 구별되는 두 자음으로 형성된 연쇄다. 단 하나의 음운 표지로 구별되는 모든 다른 음소 연쇄들은 세계의 언어들 여기저기에 나타날 수 있다.

이와 같이 '일반적으로 허용되지 않는' 두 가지 유형의 음소 연쇄들은 귀납적 방법에 의해서 발견되었는데, 일반적인 하나의 공식으로 결합될 수 없다. 각 언어마다 허용되지 않는 다른 음소 연쇄들이 여기에 더 첨가되어 나타나므로 '일반적으로 허용되지 않는' 연쇄들은 절대로 완전한 체계를 이루지 못하고, 언제나 각 언어에서 허용되지 않는 음소 연쇄들로 구성된 체계의 일부만을 형성할 뿐이다. 허용되는 음소 연쇄들이 그 항들 사이에 어떤 최소의 음운론적 다양성을 보여주어야 하므로, 이 최소성은 각 언어마다 서로 다르게 규정되어 있다. 그러므로 대비의 최소성은 발견되어야 하며, 각 언어마다 독립적으로 특별히 정의되어야 한다. 일반적으로 허용된 음소 연쇄로는 '자음+모음'만을 지칭할 수 있다. 이 연쇄는 논리적으로 모음과 자음이 존재한다는 사실을 전제로 한다. 그렇지 않고는 모음은 절대로 자음에 대립될 수 없기 때문이다. 그러므로 '자음+모음' 유형의 연쇄를 갖지 않는 언어는 생각할 수 없다.

폐쇄음과 조음점이 같은 비음의 연쇄는 '자음+모음' 연쇄가 있는 언어들에만 존재한다고 트른카는 주장한다. 그러나 '자음+모음' 연쇄가 세계 모든 언어에 존재하므로 이 공식은 다만 '비음+같은 조음점의 폐쇄음'의 연쇄가 세계의 몇몇 언어들에 허용되고 있다는 뜻이다.

또 트른카의 규칙에 의하면 서로 다른 조음 부위 계열에 속하는 사실로 구별되는 두 폐쇄음이나 두 마찰음으로 형성된 연쇄는 장애음과 이루는 다른 자음 연쇄도 마찬가지로 허용되는 언어들에만 나타난다고 한다. 트른카의 다음 규칙은 '첫머리 또는 끝에 자음 연쇄를 허용하는 언어들은 단어 내부에도 마찬가지로 자음 연쇄를 허용한다'이다. 다음절어의 언어들에는 이 규칙이 실제로 들어맞는 것처럼 보인다. 그러나 단음절어 언어들에서는 자음 연쇄가 첫머리나 끝에서만 가능하지만, 단어 내부에서는 제외된다. 이상과 같이 살펴본 결과 세계의 모든 언어에 적용될 수 있는 음소 연쇄에 관한 일반 규칙은 음소 결합 연구에서 별로 중요한 역할을 할 수 없다는 결론이다.

3. 결합 연구를 위한 방법

음소들의 연쇄는 각 언어마다 적용되는 특별한 법칙이나 규칙의 지배를 받으며, 이 규칙들은 각 언어마다 따로 발견되어야 한다. 첫눈에 보기에는 결합 유형이 다양하여 한 가지 방법으로 연구하기가 불가능하므로 언어의 유형에 따라 서로 다른 방법이 적용되어야 한다. 결합 규칙은 언어의 유형이 다양함에도 불구하고 한 가지 방법만이 바람직해 보인다. 결합 연구를 위한 유일한 방법의 원칙들은 다음과 같이 설정될 수 있다.

먼저 결합 규칙들은 이 규칙이 유효한 범위 안에서 언제나 더 복잡한 음운 단위를 전제로 한다. 많은 언어들에서 단위로 분석되어야 할 것은 단어가 아니라 형태소(morphème)다. 이것은 여러 단어 속에서 같은 형식적 또는 물질적 의미와 결합되어 있는 음소들의 복합체다. 독일어 단어에는 거의 무제한으로 많은 수의 자음 연쇄가 허용된다, 예를 들면 kstšt[Axtstiel(도끼자루)], kssv[Fuchsschwanz(여우 꼬리)], pstb[Obstbaum(과실나무)] 등이다. 이 경우에 어떤 결합 규칙을 세운다는 것은 매우 어려운 일이다. 이에 반해서 독일어 단어를 구성하고 있는 형태소들의 음운 구조는 상당히 분명하고 아주 특정한 결합 규칙의 지배를 받는다. 따라서 독일어에서는 결합 규칙의 연구가 단어가 아닌 형태소 범위 안에서만 유용하다. 그러므로 결합 관계를 연구할 때 첫 번째 과제는 결합 규칙이 가장 유용하게 연구될 수 있는 범위 안에서 음운 단위를 규정하는 데 있다,

두 번째 과제는 '범주 단위(unité de cadre, 단어 또는 형태소)'를 음운 구조에 비추어서 적합하게 분류하는 것이다. 독일어에서 범주 단위 분류는 오직 결합 관계의 음운 연구를 위한 유용성의 관점에서만 수행되어야 한다. 이 관점에서 독일어 음소를 문법적 기능에 따라 접두사, 어간, 접미사, 어미로 분류하는 일은 무익한 일일 것이다. 이에 반해서 독일어의 결합 관계 연구 관점에서는 독일어 형태소를 강세 형태소와 무강세 형태소로 분류하는 것만이 유용할 뿐이다. 첫 번째 범주에는 복합어에서 주강세나 부강세를 받을 수 있는 형태소가 속한다. 무강세 범주에는 주강세나 부강세를 절대로 받을 수 없는 형태소들이 속한다. 독일어의 강세 형태소들은 수가 매우 많으며 구조적으로 아주 다양하다.

먼저 범주 단위들을 구조 유형으로 잘 분류해 낸 후에

그 안에서 음소들의 결합을 연구해야 할 것이다. 물론 범주 단위에서의 위치[첫머리, 단어 내부, 끝]와 음소 연쇄의 기본적인 세 가지 형태[모음들 사이의 결합, 자음들 사이의 결합, 자음과 모음의 결합]를 분리해서 검토해야 할 것이다.

이러한 음소 연쇄 형태에 관한 연구에 사용되어야 할 방법은 문제에 따라 필연적으로 결정된다. 먼저 어떤 음소들이 문제의 위치에서 서로 결합될 수 있으며, 어떤 음소들이 서로 용납되지 않는가를 연구해야 한다. 다음에는 이 음소들이 어떤 연속 순서로 그 위치에 나란히 나타날 수 있는가를 밝혀야 한다. 세 번째로는 문제의 위치에 허용되는 각 음소 연쇄들에서 항의 수를 알아내야 한다. 켐프 맬런[13]의 영어 단음절의 음운 구조 연구를 방법론적 관점에서 모델로 들 수 있다. 그는 특히 첫머리, 단어 내부, 끝에 허용되는 음소 연쇄들을 연구했으며, 이들 각 위치에 대하여 다음과 같은 세 종류의 제한 규칙을 설정했

13) 켐프 맬런(Kemp Malone, 1889~1971) : 존스 홉킨스 대학 영문학과 교수, 민속학자, 문헌학자, 초서 연구의 세계적 대가, 〈The Phonemic Structure of English Monosyllables〉(American Speech, 1936), 《Phonemes and phonemic Correlation in Current English》(English Studies, 1936) 등의 저서 및 논문이 있음.

다. a) 한 연쇄의 참가 제한, b) 연쇄의 일부를 이루는 음소들의 연속 순서 제한, c) 연쇄를 이루는 항 수의 제한이다.

많은 수의 언어들에서 음소들의 결합을 같은 방법으로 연구한 후에야, 비로소 서로 다른 언어들을 비교하면서 다양한 결합 유형을 구별할 수 있을 것이다. 그러고 나서 결합 규칙의 합법성에 관한 문제를 효과적으로 검토할 수 있을 것이다.

4. 비정상적 음소 연쇄

각 언어는 결합 규칙들로 개별적인 고유의 특성을 갖게 된다. 결합 규칙들이 나타내는 언어의 특성은 음소 목록보다 적지 않다. 결합 규칙들이 어휘의 모든 부분에까지 훌륭하게 적용되는 언어들이 있다. 이러한 유형의 언어들에서는 외래어들까지도 변화되어 토착어에 적용되는 정상적인 결합 규칙의 지배를 받는다. 다른 언어들에서는 외래어가 거의 변화되지 않아서 토착어의 결합 규칙에 어긋나기도 한다. 이 외래어들은 어휘 속에 낯선 물체로 남게 된다. 독일어는 후자의 언어 유형에 속한다. Psalm(성시), Sphäre(범위), Szene(장면), pneumatisch(공기의)와 같은 단어들은 첫머리에 '독일어가 아닌' 자음 연쇄를 지니고 있다. 게다가 이러한 유형의 단어들은 전문 용어나 학술 용어 분야에 정상적으로 들어 있으며, 일상의 어휘 속에 받아들여질 때는 이들 중 많은 수가 정상적 결합 규칙을 따르게 된다. 다만 이중 언어 사용이 상당히 진전되면 외래어 음소 연쇄의 단어들이 더 이상 낯선 물체로 느껴지지 않고 상용어 속에 들어온다. 이것은 이 결합 규칙들이 상응하는 변화를 거쳤음을 뜻한다.

외래어가 토착어의 결합 규칙에 따르지 않는 정도는 여러 가지 상황과 그 언어에 허용되는 음소 연쇄의 다양성에 달려 있다. 아주 적은 수의 음소 연쇄를 허용하는 일본어는 허용되는 결합의 수를 많이 늘릴 수가 없다. 반면에 이미 많은 수의 다양한 음소 연쇄가 나타나는 독일어는 허용되는 결합에 외래어에서 온 결합 몇 개를 더 덧붙일 수 있다.

이 밖에도 고유명사들은 음운 체계와 형태소 체계에 비추어볼 때 여러 가지 점에서 아주 특별한 상황에 놓여 있다. 비정상적 음소 연쇄들에서 가장 중요한 분야를 차지하는 것은 감탄사, 의성어, 감정을 나타내는 단어들, 동물에게 하는 호령, 그리고 '표현적(expressive)' 어감을 나타내는 단어들이다.

VII. 음운 통계

1. 두 가지 계산 유형

음운 요소들의 통계와 기능 부담량 문제는 음소 결합 연구와 가장 밀접하게 연결되어 있다. 음성 통계는 음운론적 목적을 위해서 적당하게 수정되어야 한다. 문자나 소리가 아니라 음소나 음소 연쇄를 세어야 한다. 특히 음운론 역사에서 통계의 중요성을 제일 먼저 강조한 사람은 마테시우스[14]였다.

통계는 음운론에서 두 가지 의미가 있다. 한편으로 특정한 음운 요소[음소, 음소 연쇄, 형태소 또는 단어의 유형]가 그 언어에서 어떤 빈도로 나타나는가를 보여주어야 하고, 다른 한편으로 이 요소나 특정한 음운 대립의 기능

---

14) 마테시우스(Vilém Mathesius, 1882~1945) : 체코의 언어학자, 카를대학의 영어영문학과 교수, 프라하 언어학파의 공동 창시자. 《The History of English Literature I, II》, 《Czech Language and General Linguistics》, 《Content Analysis of Contemporary English》, 《Anthology Language, Culture and Poetic Art》 등의 저서가 있음.

부담량이 얼마나 중요한가를 나타내 주어야 한다. 첫 번째 임무로 연속되는 텍스트를 통계적 관점에서 연구해야 하고, 두 번째 임무로는 사전을 통계적으로 연구해야 한다. 두 경우에 있어서 어떤 요소가 실제로 나타나는 절대적 빈도를 연구하거나, 이 빈도와 결합 규칙을 근거로 해서 이론적으로 기대되는 출현 빈도와의 관계를 연구할 수도 있다.

2. 문체로 결정되는 수와 언어로 결정되는 수

각 통계 유형에는 그 나름대로 특별히 어려운 점들이 있다. 연속되는 텍스트에서 특정한 음운 요소들의 빈도를 연구할 때, 어려운 점은 무엇보다도 먼저 텍스트의 선정에서 생긴다.

지적인 학술어와 소박함을 모방하는 의도적으로 단순하게 한 이야기 속 언어들은 양극단을 형성하며, 이들 사이에는 여러 다른 유형의 문체가 있어서 각각 그 독특한 표지를 지니고 있다. 각 텍스트는 특정한 문체 유형에 속한다. 만일 우리가 어떤 텍스트를 사용하여 특정한 언어에서 어떤 음운 요소들의 빈도를 연구하려고 한다면 먼저 어떤 텍스트가 이 목적에 가장 적합할 것인가를 생각해야 한다. 이 문제에는 두 가지 해답이 가능한 것으로 보인다. '중립 문체(style neutre)'의 텍스트를 선택할 수 있거나 서로 다른 유형의 문체에 속하는 몇 개의 텍스트에서 발췌한 구절들을 택할 수 있다. 그렇지만 이 두 해결책은 별로 만족스러운 것이 아니다. 사실 어떤 것을 '중립 문체'로 볼 수 있을까? 그리고 서로 다른 문체의 텍스트를 어떤 비율로 발췌해야 하는가? 음운 통계 연구에서 서로 다른 문체 유형의 독특한 특성은 항상 고려되어야 한다. 먼저 어떠한 음운론적 현상이 문체에 따라 결정되며, 어떠한 다른 현상은 문체와 독립되어 있는가를 구별해 내야 한다.

음소들의 빈도는, 적어도 독일어의 경우에는 문체에 따라 결정되는 것처럼 보이지 않으며 음소 빈도의 통계적 연구를 위해서는 어떤 텍스트라도 선택할 수 있다. 그렇지만 신중하게 하기 위하여 이러한 목적에서도 문체 유형의 중립화를 얻도록 노력할 수 있다. 가장 좋은 것은 여러 가지 대화로 된 기록들이나 다양한 문체 유형이 나타나는 신문들이다. 정치에 관한 논설, 전보문, 준학술적인 기사, 행정적인 정보 사항, 스포츠 소식, 경제 기사 등이다.

3. 음소 빈도에 대한 해석

지금까지 통계적 관점에서 음소 빈도에 관하여 연구된 언어들의 수는 아직도 너무나 적다. 따라서 통계적 자료를 해석하고 이 문제에 관해서 일반적으로 판단을 내리는 것은 시기상조다. 반 히네컨[15]은 서로 다른 언어에서 다양한 음소들의 빈도가 차이를 나타내는 원인에 대해 이론을 세웠다. 이 이론에 의하면, 개개인은 특정한 조음에 대한 유전적 선호도가 있어서 말하면서 문제의 소리가 있는 단어를 본능적으로 선택한다는 것이다. 모든 민족은 서로 다른 인종이 섞여서 생겨난 것이므로 어떤 민족의 대표자에게는 유전적 인종의 표지가 특정하게 결합되어 있어서 조음 경향도 이에 일치한다. 인종의 구성 요소들은 같은 민족의 서로 다른 대표자들에게서 같기 때문에 음소들의 체계도 모든 사람에 있어서 같다. 음소 빈도에서 개별적인 변화는 같은 민족의 다양한 대표들에 나타나는 인종 구

---

15) 반 히네컨(Jacobus van Ginneken, 1877~1945) : 네덜란드 언어학자. 네이메간 카톨릭대학 교수로 인도유럽어의 비교 언어학, 산스크리트어를 가르쳤음. 《Principes de linguistique psychologique》(1907), 《La reconstruction typologique des langues archaïques de l'humanité》(1939) 등의 저서가 있음.

성 요소의 수적인 관계에서의 차이로 설명된다. 이 이론은 귀납적 방법으로 만들어지지 않았으므로 구체적 사실로부터 유도된 것이 아니며 오히려 선험적으로 창조되었다. 내세운 음성의 자료는 이론을 검토하고 세우는 데 사용되지 않고, 다만 이 이론에 의하여 설명될 뿐이어서 설명은 언제나 순전히 가설적으로 남아 있게 된다.

특정한 언어에서 어떤 음소의 빈도가 특별히 높거나 낮은 숫자를 나타내면, 문제의 민족의 인종적 표지가 이러한 조음 운동을 유리하게 하거나 또는 방해하는 것이라고 추측했다. 그러나 이것은 부당한 전제로, 연속되는 담화에서 음소의 높거나 낮은 빈도는 화자의 인종 표지에 달려 있다는 것을 먼저 증명해야만 하기 때문이다. 흑인의 언어들이 북아메리카 인디언들의 언어와 음소들의 빈도에서 같게 나타나지 않으면, 음소들의 빈도가 인종 표지에 달려 있다는 증거가 될 수 없다. 흑인들의 언어는 음소의 빈도뿐만 아니라 음소들의 목록과 문법적 구조에 의해서도 인디언들의 언어와 구별되기 때문이다. 객관적 증거는 문제의 요인들이 모든 다른 요인들과 완전히 분리된 실험을 통해서만 제공될 수 있을 것이다.

음소 빈도에 관한 또 다른 이론이 조지 킹슬리 지프[16]에 의하여 제안되었다. 이 이론에 의하면 음소의 실현이 덜 복잡할수록 음소 빈도는 그만큼 더 높아진다고 한다. 이 이론을 내세우면서 지프는 완전히 자연과학적 입장을 취하고 있다. 그러나 자연과학의 완전히 엄밀한 관점에서 보면 조음의 복합성 정도는 측정되지 않는다. 위의 두 이론은 음운론적 사항들을 생물학적 원인, 즉 언어 외적인 원인으로 설명하려 하기 때문에 근본적으로 논박되어야 한다. 그러나 지프의 이론은 소위 음운론적 용어로 옮겨 놓을 수 있다. '유무 대립의 두 항 중에서 무표항은 유표항보다 연속되는 담화 속에 더 자주 나타난다.' 이 규칙은 대체로 옳은 것이라 할 수 있다. 그러나 이것을 조금도 예외 없는 규칙으로 생각할 수는 없다. 대립의 유표항과 무표항의 구별이 중화 대립과 비 중화 대립의 구별과 마찬가지로 음소들의 빈도에 영향을 끼친다는 사실에 추호도 의심이 없긴 하지만, 이 사실들이 빈도의 관계를 설명하기에 충분하지 않다는 점 또한 분명하다.

---

16) 조지 킹슬리 지프(George Kingsley Zipf, 1902~1950) : 미국의 문헌학자이며 언어학자. 여러 다른 언어에 통계학을 응용하여 연구했다. 텍스트 안에서 사용된 단어들의 빈도를 기능과 결부시켜 연구하는 지프 법칙이란 바로 그의 이름을 딴 것이다.

4. 실제 빈도와 예상 빈도

음소 빈도는 일련의 모든 경향을 나타내는 결과이기 때문에 엄격한 규칙을 세우기가 불가능하다. 음소의 실제 빈도를 나타내는 절대 수치는 부차적으로 중요하다. 이 수치와 이론적으로 기대되는 빈도의 수치의 관계만이 실질적인 가치를 지니게 된다. 따라서 어떤 텍스트에 나타난 음소들의 수를 정확히 세기 전에 모든 중화 규칙과 결합 규칙을 고려하여 가능성에 대한 세심한 계산이 앞서야 한다. 예를 들면 자음의 특정한 대립이 단어 첫머리와 끝에서 중화되어, 중화 위치에서는 대립의 무표항만이 나타나는 언어를 가정해 볼 수 있다. 이 언어에서 무표항은 각 음절의 첫머리와 단어 끝에 나타날 수 있는 반면에 유표항은 첫 음절을 제외한 모든 음절의 첫머리에 나타날 수 있다. 만일 이 언어에서 한 단어에 나타나는 평균 음절 수가 α와 같다고 하면 이 대립의 무표항의 빈도는 유표항에 대하여 α+1:α-1의 관계를 보일 것이다.

어떤 텍스트를 음운 통계의 관점에서 연구한다면, 일반적으로 한 음소의 출현 빈도뿐만 아니라 특정한 위치에서 그 음소의 출현 빈도도 고려해야 한다. 예를 들면 중화될 수 있는 대립의 무표항이 중화 위치[그것이 원음소를 대표하는 곳]에서 자주 나타난다면, 이것은 그 대립이 거의 사용되지 않는다는 사실이다. 그러나 이 대립의 항이 정확하게 관여적 위치에서 특히 자주 나타난다면[즉 이론적으로 기대할 수 있는 것보다 더 자주 나타난다면], 이 대립의 사용을 특히 더 선호한다는 것을 증명해 준다. 같은 방법으로 중화될 수 없는 서로 다른 대립의 이용 정도를 통계적으로 세울 수 있다. 많은 언어에는 아주 적은 수의 음소만이 허용되며 따라서 변별적 대립이 거의 이용되지 않는 음성 위치들도 있다. 이러한 위치에서 이론적으로 기대되는 빈도가 초과하거나 그 수에 미치지 못하느냐에 따라서 그 대립이 많이 이용되었는지 거의 이용되지 않았는지를 판단할 수 있다. 그러므로 음소의 전체적이며 다듬지 않은 통계는 더 섬세하고 자세한 통계로 바뀌어야 하며, 이것의 대상은 음소들이 아니라 대립들이어야 한다. 여기에서도 음운론의 고유 연구 대상을 이루는 것은 음소가 아니라 대립이라는 것을 늘 염두에 두어야 하기 때문이다.

5. 어휘의 음운 통계

텍스트에 관한 통계적 연구만으로는 분명히 여러 가지

음소가 상대적으로 이용되는 데 대해 적절한 판단을 내리기 불충분하다. 이 연구는 어휘에 관한 또 다른 통계로 보충되어야 한다. 마테시우스와 트른카는 이미 이러한 관점에서 중요한 시도를 해왔다. 두 음소로 결합된 단어를 여러 다른 언어에서 비교해 보면 쉽게 이해할 것이다. 독일어는 단어 첫머리에 18개의 자음이 오고 단어 끝에는 14개의 자음만이 오는 반면에, 모든 강세 모음들은 단어 첫머리나 끝에 마찬가지로 나타날 수 있다. j+i, au+r, au+ ŋ eü+ ŋ , ai+r, ai+ ŋ , o+ ŋ , ö+ ŋ 연쇄는 용납되지 않는다. 그러므로 독일어에서는 (18×10)-1=179개의 '자음+모음' 유형의 단어와 (14×10)-8=132개의 '모음+자음' 유형의 단어가 (음절 경계의 차이를 고려하지 않고) 이론적으로 가능하다. 사실 독일어에서 '자음+모음' 의 유형은 57개 단어로 나타난다.

프랑스어에서는 단어 첫머리에 15개의 자음이 허용되고 단어 끝에는 18개의 자음이 허용된다. 모음 중에서 폐음절에는 u, o, ɔ, ɑ, ɛ, ö, i, ü, õ, ɑ̃ , ɛ̃ , œ̃가 허용되며 개음절에는 13개 음소(앞과 같고 +e)가 허용된다. '비모음' 연쇄는 허용되지 않는다. 그러므로 프랑스어에서는 15×13=195개의 '자음+모음' 유형의 단어와 (12×18)-(4×6)=192개의 '모음+자음' 유형의 단어가 이론적으로 가능하다. 실제로는 '자음+모음'의 유형이 142개 단어로 나타나며, '모음+자음'은 50개의 단어로 나타난다. 바꾸어 말하면, 독일어에서는 '자음+모음' 유형의 단어가 이론적으로 가능한 것 중의 다만 31.8%만이 실현된 반면에 프랑스어는 73%가 실현되었다. '모음+자음' 유형의 이론적으로 가능한 실현은 두 언어에서 독일어는 28%, 프랑스어는 26%로 거의 같은 비율에 달하고 있다. 그러나 독일어에서 이 유형의 단어가 두 음소로 구성된 단음절 전체의 40%를 차지하고 있는 반면에 프랑스어는 이러한 단음절의 26%만을 차지하고 있다. 그러므로 이렇게 좁은 범위 안에서까지도 언어의 개별성이 어떻게 분명히 나타나는가를 알 수 있다.

각 언어에 독특한 특징을 부여하는 이러한 모든 특성들은 숫자로 나타낼 수 있다. 여러 다른 음운 대립의 변별적 이용 정도(기능 부담량)와 음소들의 평균 부담량도 이러한 어휘 연구 방법으로 각 언어마다 숫자로 나타낼 수 있다. 이러한 관점에서 보면 '경제적(économe)' 언어와 '낭비적(prodigue)' 언어가 있다는 것을 알 수 있다. 경제 언어에는 단 하나의 음소만으로 구별되는 단어들의 수가 매우 많으며 이론적으로 가능한 음소 결합의 실현 비율이 매우 높다. 낭비 언어에는 단어들을 여러 음운론적 수단으로 구별하는 경향이 있으며 이론적으로 가능한 음소 결합의 적은 부분만을 실현시키고 있다.

어휘의 음운 통계학적 연구가 이루어지고 나면 텍스트의 연구는 새로운 의미를 갖게 된다. 빈도는 소위 이중의 의미를 지니게 된다. 결합 규칙을 통하여 제기되고 어휘에서 실현되는 이론적 가능성이 문맥 담화에서 어느 정도까지 활용되었는가를 알 수 있다. 단어 유형에 나타나는 음소들의 수가 크면 클수록, 이 유형의 이론적으로 가능한 단어들의 수가 높다. 어휘의 통계적 연구는 이러한 이론적인 가능성 중 몇 퍼센트가 실현되었는가를, 즉 문제의 유형의 음소 결합 중 얼마만 한 수가 특정한 단어의 의미를 가지고 있는가를 나타내 준다. 그러나 이 통계적 연구는 보통의 문맥 담화에서 이러한 유형들의 단어들이 나타나는 실제 빈도에 관해서는 아무 정보도 제공해 주지 않는다. 텍스트의 통계적 연구만이 이 점에 관해서 어떤 정보를 줄 수 있다. 이밖에도 이론적인 가능성의 실현 퍼센트가 높은 단어 유형들은 그 실현 퍼센트가 약한 단어 유형들보다 빈도가 더 낮다는 사실을 발견할 수 있다.

끝으로 어휘 통계도 흔히 텍스트 통계와 같은 어려운 점을 극복해 나가야 한다는 것을 지적해야 한다. 어휘의 모든 부분은 비슷하지도 않고 비교될 수도 없다. 비록 표현들이 보통 의미에서도 전혀 낯선 용어가 아닌데도 불구하고, 좁은 범위의 전문가들에게만 익숙한 기술적 표현들이 있다. 이러한 표현들도 통계에 포함시켜야만 할까? 문어 형태로는 사전 안에 존재하고 있지만, 실제로는 방언의 음성 형태로만 살아 있는 단어들이 있다. 이들 단어는 통계적 관점에서 어떤 음성의 측면으로 이용되어야 하는가? 이러한 문제들이 거의 모든 언어의 어휘 통계에 나타나 있다. 그러나 어떤 동양의 문어에서는 그러한 문제가 제일 중요하다. 어쨌든 이 분야의 문제들을 너무 쉬운 것으로 보아서는 안 된다.

해설

트루베츠코이의 《음운론의 원리》는 소쉬르의 《일반언어학 강의》, 블룸필드의 《언어》와 함께 언어학사에서 고전으로 손꼽히는 중요한 저서다. 트루베츠코이의 음운론이 곧 프라하학파의 언어학이며, 나아가서는 구조주의 언어학의 중심이 된다.

언어학적으로 이렇게 중요한 《음운론의 원리》는 본래 독일어로 출간되었으나, 이를 프랑스의 언어학자인 장 캉티노(Jean Cantineau)가 프랑스어로 번역했다. 번역에 사용한 책은 프랑스어로 출간된 《Principes de phonologie》(Editions Klincksieck, Paris, 1976)다.

트루베츠코이는 1890년 4월 16일 모스크바에서 태어났다. 그의 아버지는 모스크바대학교의 철학과 교수였으며, 후에 그 대학교의 총장이 되었다. 13세부터 학문에 뜻을 두어 주로 민족지학과 인류학을 공부한 트루베츠코이는 15세가 되던 1905년에 이미 민족지학에 관한 두 편의 논문을 모스크바 〈인류학회지(Etnograficeskoe Obozrenije)〉에 발표했다.

1908년에 트루베츠코이는 모스크바대학교에 입학해 심리철학과에 적을 두었다가 세 번째 학기에 언어학과로 옮겼다. 민족심리학, 역사철학 방법론에 관심이 많았던 그는 심리철학과에서는 만족스러운 학업을 계속할 수 없어서 언어학과로 옮긴 것이다. 언어학과에서는 일반언어학, 산스크리트어, 인도유럽어 강의를 들었다. 그는 이미 그 당시에 언어학이 인문과학 중에서 진정한 과학적 방법으로 연구하는 유일한 학문이며, 민족지학, 종교역사, 문화역사와 같은 다른 분야에서도 언어학과 같은 연구 방법을 따를 때에만 더 높은 차원으로 올라갈 수 있다고 생각했다.

1912~1913학년도에 그는 교수직 후보가 되기 위해서 인도유럽어들의 다양한 미래 표현을 주제로 논문을 준비했다. 1915년에는 박사학위 과정의 시험을 거친 후, '베다어 연구에 나타나는 여러 가지 경향'과 '원시어의 실재성 문제와 재구성의 현대적 방법'이라는 제목의 두 가지 강연으로 학위를 받았다. 그 후에는 모스크바대학교 언어학과에서 산스크리트어와 언어 실습에 대한 강의를 맡았다. 1920년에는 불가리아 소피아대학교에서 슬라브 문헌학과 비교언어학 강의를 맡았으며, 1922년에는 비엔나대학교에서도 슬라브 문헌학 강의를 하면서 원시 슬라브어와

러시아어의 문법을 역사적으로 비교 연구했다.

1928년 트루베츠코이는 헤이그에서 열린 국제언어학자 대회에 야콥손(R. Jakobson), 카르첸스키(S. Karcevskij)와 함께 유명한 '22제안(Proposition 22)'을 제출해서 음운론을 독자적인 학문으로 탄생시키는 데 기여했으며, 이를 바탕으로 1929년에는 《프라하 언어학파 논문집》 제1권을 발행했다. 1930년에는 국제음운론학회가 처음 개최되어, 트루베츠코이는 마르티네(A. Martinet), 뱅베니스트(E. Benveniste), 테니에르(L. Tesnière)와 같은 프랑스의 언어학자들 및 네덜란드, 노르웨이, 스웨덴, 덴마크의 언어학자들과 함께 국제음운학협회를 창립했다.

그 후 트루베츠코이는 별로 글을 쓰지 않다가 1935년에 《음운론적인 서술(Anleitung zu phonologischen Beschreibun- gen)》을 출간했다. 이 책에서 그는 음소, 대립 관계 등에 대한 정의를 내리고 몇 개의 규칙들을 형식화했다. 트루베츠코이는 약 200여 개의 언어와 방언의 음운 체계를 체계적으로 연구했다. 그의 호기심은 지구 상의 모든 지역으로 확산되었으며, 여러 다른 언어의 음운론에 관계되는 수많은 전통적인 문제들이 기념비적인 저서 《음운론의 원리》에 처음으로 제기되었다. 1938년 저자가 이 세상을 떠났을 때는 아직 완성되지 못한 상태였음에도 불구하고 거의 완벽에 가깝다고 할 수 있다.

이 책은 변별적 음성의 기능 연구인 변별성 이론(Diacritique)과 경계 획정 음성의 기능 연구인 경계 획정 이론(Oristique)의 두 부분으로 구성되어 있다. 서론 부분에서는 음성학과 음운론을 구별해야 하는 이유와 그 경위를 역사적으로 설명했다.

랑그와 파롤의 차이가 중요하다는 것을 인식하고 그 중요성을 분명하게 표현한 소쉬르(Ferdinand de Saussure) 또한 언어 구성체인 기표의 비물질적인 특성을 인식했다. 그렇지만 그도 파롤의 소리 학문을 구분해야 한다는 필요성은 명확히 주장하지 않았다. 그 후 보두앵 드 쿠르트네(Baudouin de Courtenay)가 비로소 물리적 현상으로서의 구체적인 음성을 연구할 것인가 혹은 언어 사회에서 의사소통의 목적에 쓰이는 음성 부호를 연구할 것인가에 따라 두 가지 서로 다른 기술음성학이 필요하다는 생각을 하게 되었다. 그의 제자들이 스승의 견해를 널리 알리는 데 크게 공헌했지만, 제1차 세계대전 직후에야 비로소 이러한 주장이 일반화되기 시작했다.

1928년 헤이그에서 있었던 제1차 국제언어학자대회에서 야콥손, 카르쳅스키, 트루베츠코이 등 세 러시아 학자는 파롤의 소리를 연구하는 학문과 랑그의 소리를 연구하는 학문을 엄격하게 구분할 것을 분명하고 확실하게 주장했다. 1931년 제네바에서 개최된 '제2차 국제언어학자대회'에서는 새로운 학문인 음운론이 상당히 많은 사람들의 공감을 얻게 되었으며, 이로부터 많은 나라에 음운론을 연구하는 학자들이 속속 생겨났다.

일부 극소수 학자들은 특정한 세계관에 입각하여 음운론과 음성학을 따로 구분하지 않고 있기도 하지만, 오늘날 대부분의 학자들은 랑그의 소리에 관한 학문을 음운론이라 하고 파롤의 소리에 관한 학문을 음성학이라고 정의한다. 파롤 행위의 기표적 측면, 즉 소리의 흐름은 자연 현상으로 자연과학의 연구 방법을 따라야 하며, 물리적 측면인 음향적 측면이나 생리적이며 조음적인 측면을 연구할 수 있다. 따라서 음성학은 인간의 언어 소리의 물질적인 측면을 연구하는 학문이다.

그런데 언어의 기표는 많은 요소로 구성되어 있으며, 그 근본은 서로 구별되는 점이 있다. 음운론 학자는 언어에서 어떤 음성 차이가 의미의 차이와 결합되어 있는가를 분석해야 하며, 차이를 나타내는 요소들이 단어나 문장을 형성하기 위해서 어떤 규칙에 따라 서로 결합될 수 있느냐를 연구한다.

책의 내용을 간단하게 살펴보면, 변별성의 이론 부분

에서는 기본 개념으로 변별적 음운 대립을 이야기하고 음소와 변이음을 구별했다. 트루베츠코이는 음소와 변이음을 구별하는 데 필요한 네 가지 규칙을 설정했으며, 음소와 음소 연쇄를 구별하기 위하여 단음소적 가치와 다음소적 가치를 설정했다.

대립의 여러 가지 유형은 일원 대립/다원 대립, 동질 대립/이질 대립, 선상 대립/비선상 대립, 비례 대립/고립 대립, 유무 대립/단계 대립/등치 대립으로 분류했다. 관여적 대립이 어떤 음성 환경에서 변별력을 잃을 때 그 대립은 중화된다. 따라서 중화 위치에서 대립의 한 항은 이 대립의 '원음소'를 대표하게 되며, 이원 대립만이 중화될 수 있다. 트루베츠코이는 이원 유무 비례 대립이 음운 대립에서 대단히 중요하기 때문에 따로 취급했다. 어떤 언어 체계가 일원 동질 비례 유무 중화 대립을 더 많이 나타낼수록 그 체계는 더 상관적이며, 반면에 등치 고립 다원 이질 대립이 어떤 체계를 더 많이 지배할수록 그 체계는 덜 상관적이라고 할 수 있다. 상관이란 같은 상관 표지로 특징지어지는 모든 상관쌍의 총체를 말한다.

변별적 음성 특성을 모음적 특성, 자음적 특성, 운율적 특성의 세 부류로 나누고, 모음의 특성으로 조음 부위, 간극도, 공명성을, 자음의 특성으로는 조음 부위, 장애 극복

양태, 공명성을 들었다.

음소 통계에서는 음소의 빈도와 기능 부담량에 대해서 설명했다. 지금까지 음소 빈도에 관한 통계적 연구는 그 수가 너무 적은 것이 사실이다. 코앙(Marcel Cohen)에 의하면 하나의 유무적 대립의 두 항 중 무표항은 유표항보다 연속되는 담화 속에 더 자주 등장한다고 한다.

이 책은 오늘날까지 현대 언어학의 삼대 기본서 중의 하나로 손꼽혀 오고 있다. 어떤 학파에 속하고 있는 학자이든 간에 트루베츠코이가 이루어낸 음운론의 기본 이론을 그대로 지나칠 수는 없는 것이며, 그것을 기초로 하여 다른 이론을 발전시켜 나갈 수 있었다. 특히 그의 이론을 계승하여 각자 독창적이고 서로 다른 방법으로 음운론의 개념과 방법을 발전시킨 사람은 야콥손과 마르티네였다. 이 책만큼 세계 여러 나라에서 사용되었거나 사용되고 있는 언어와 방언을 풍부하게 예로 들어 뒷받침하면서 적용된 이론과 원칙을 기술한 책도 드물다.

《음운론의 원리》는 프라하학파의 음운론 이론이 집대성된 책이다. 이 이론은 언어학에서 통사론과 의미론 분야는 물론, 문학에서 구조주의 문학비평에도 기본 개념과 분석 원칙으로 적용되었다. 따라서 언어학을 전공하는 사람들에게, 또 문학을 연구하는 사람들에게까지도 중요한 기본 필독서다.

우리가 항상 더불어 살아가는 데 필요하고 반드시 사용하는 것이 언어일진대, 언어의 기본이 되는 음소에 관한 과학적 분석 연구를 다룬 바로 이 책, 《음운론의 원리》는 일반적인 교양을 위해서도 모든 사람의 지적 호기심을 충분히 자극할 수 있을 것이다.

지은이에 대해

트루베츠코이는 러시아의 언어학자로 1890년 모스크바에서 태어나 1938년 빈에서 향년 48세의 나이로 타계했다. 모스크바대학교의 총장을 지낸 아버지의 영향으로 트루베츠코이는 어려서부터 지적으로 상당히 조숙했다. 따라서 아주 어린 나이인 13세 때부터 민족지학, 사회학, 그리고 역사학에 심취했다. 대학에 들어가 인도 유럽어들의 비교문법을 공부하면서는 언어 문제에 대한 과학적 접근을 이 분야에서 찾아낼 수 있다고 생각했다. 그는 코카서스 지방의 언어들을 연구하고, 다음엔 라이프치히대학교에서 산스크리트어와 아베스타어를 연구한 후에, 1916년 인도유럽어에서 미래에 관한 연구로 논문을 발표했고, 모스크바대학교에서 학위를 받았다.

그는 라이프치히대학교에서 강의를 시작하여, 1915년에서 1918년까지 모스크바대학교에서 가르쳤으며, 혁명이 일어나자 로스토프로 떠났다. 1920년까지는 그곳에서 강의를 하며 머물다가, 다음에는 이스탄불의 소피아로 가서 1922년까지 교단에 섰다. 1922년 마침내 그는 빈대학교의 슬라브 문헌학 교수가 되어 그곳에 정착했다. 트루베츠코이의 죽음에 결정적 역할을 한 것은 나치가 빈을 점령한 역사적 사실이라고 볼 수 있다. 그는 1938년 건강상 허약하다는 이유로 나치 집단에 의해 교수직에서 쫓겨나게 되었는데, 이는 사실 그가 인종차별론에 대해 비판적 견해를 발표했기 때문이었다. 그는 당국으로부터 심한 박해를 받았고, 그로 인해 극심한 심장 발작을 일으켜 죽음을 맞았다.

트루베츠코이는 특히 언어의 음성적 측면 연구에 전념했으며, 이 분야에서 세계적으로 알려지게 되었다. 1917년 제네바에서 학파를 결성한 언어학자 카르첸스키를 통해 소쉬르와 보두앵 드 쿠르트네의 사고에 접하게 된 그는 동시에 랑그와 파롤의 구별에 대한 가설과 생리음성학과 심리음성학을 구별하는 가설에 대해 연구하게 되어 음성학과 음운론을 대립시키는 데에 이르렀다.

그는 이미 1920년부터 로만 야콥슨과 서신을 통하여 학문적 교류를 하게 되었으며, 이들 두 언어학자들은 프라하 언어학파에 함께 가입했다. 그들의 공통적 관심사와 공동 이론이 1928년부터 국제언어학회에서 표출되었으나, 두 사람이 매우 밀접한 관계를 유지하고 있었기 때문에 사실 어느 부분이 어느 학자의 공적인가를 가늠하기 어려울 정도다. 그러나 프라하 언어학파의 작업은 종종 집단으로 이루어지기 때문에, 개개인의 공로를 드러내기보다, 음운론의 역사에서 이 학파가 1929년 프라하, 1932년 암스테르담, 1933년 로마, 1936년 코펜하겐에서 개최한 여러 학회에서 음운론 관련 문제에 대해 가히 혁신적인 관점을 제시했다는 점을 강조하는 것으로 충분하다. 물론 트루베츠코이는 이 공동 작업에서 기초적인 역할을 담당했다.

트루베츠코이의 모든 저작물은 1928년부터 음운론으로 방향을 잡았다. 수많은 논문들 중에서 〈모음 체계에 대한 일반 이론〉(1929), 〈음운론적 기술의 안내〉(1935), 〈음운 대립의 이론〉(1936)을 대표로 꼽을 수 있다.

트루베츠코이는 야콥손과 함께 특히 보두앵 드 쿠르트네가 터전을 닦아놓은 음운론 또는 기능 음성학의 창시자 역할을 했으며, 최종 단위이자 모든 변별 대립의 지주가 되는 음소의 정의를 내렸다. 1939년에 발간된 자신의 업적을 다시 반복해서 집약해 놓은 사후 저서인 《음운론의 원리》는 현대 언어학의 방법론적 주요 저서들 중의 하나다. 구조주의 인류학자인 레비스트로스도 이 저서에 나타난 구조주의 언어학으로부터 절대적인 영향을 받았다.

옮긴이에 대해

한문희는 1972년 서울대학교 사범대학 불어교육과를 졸업하고, 그해 6월에 프랑스로 유학하여 브장송대학교에서 외국인을 위한 프랑스어 교수법 분야에서 학사학위, 언어학 석사학위를 받았고, 1978년에는 프랑스 스트라스부르대학교에서 언어학 박사학위를 취득했다. 그리고 박사학위를 준비하는 동안 스트라스부르대학교 인문대학 음성학연구소에서 조교로 2년간 근무하기도 했다.

1979년 귀국 후, 전북대학교 인문대학 불어불문학과 조교수로 부임하면서 대학에서의 강의를 시작했으며, 1980년 9월 상명대학교 사범대학 불어교육과로 자리를 옮겨 오늘에 이르고 있다.

주요 역서로는 《음운론》, 《음운학 원론》, 《일반이성문법》 등이 있으며, 〈실험 음성학적인 면에서 본 현대 한국어 모음 체계〉, 〈루소와 언어의 기원〉, 〈트루베츠코이의 《음운학 원론》 소고〉, 〈다양한 매체를 활용한 프랑스어 교육〉, 〈e-러닝 시대의 프랑스어 교육〉 등 다수의 논문을 발표했다.

원서발췌 음운론의 원리

지은이 니콜라이 트루베츠코이
옮긴이 한문희
펴낸이 박영률

초판 1쇄 펴낸날 2009년 6월 15일
개정1판 1쇄 펴낸날 2026년 1월 20일

지식을만드는지식
출판등록 제313-2007-000166호(2007년 8월 17일)
02880 서울시 성북구 성북로 5-11
전화 (02) 7474 001, 팩스 (02) 736 5047
commbooks@commbooks.com
commbooks.com

ISBN 979-11-430-1714-7 03700

책값은 뒤표지에 있습니다.